本书出版获得国家自然科学基金青年项目“营改增对制造业服务化升级的溢出效应及其传导机制研究”（批准号：71803146）、人文社会科学研究规划基金项目“去杠杆影响企业风险承担的经济后果、机制路径及优化策略研究”（批准号：19YJA630093)和中央高校基本科研业务费专项资金（项目号：413000182;2020VI031）的资助

# 制造业成本粘性成因及经济后果研究

## ——基于风险视角分析

惠丽丽 著

WUHAN UNIVERSITY PRESS
武汉大学出版社

**图书在版编目(CIP)数据**

制造业成本粘性成因及经济后果研究:基于风险视角分析/惠丽丽著.—武汉:武汉大学出版社,2020.12
ISBN 978-7-307-21726-3

Ⅰ.制…　Ⅱ.惠…　Ⅲ.制造工业—工业企业管理—成本管理—研究—中国　Ⅳ.F426.4

中国版本图书馆 CIP 数据核字(2020)第 152620 号

责任编辑:唐　伟　　责任校对:汪欣怡　　版式设计:马　佳

出版发行:**武汉大学出版社**　(430072　武昌　珞珈山)
(电子邮箱:cbs22@whu.edu.cn　网址:www.wdp.whu.edu.cn)
印刷:广东虎彩云印刷有限公司
开本:720×1000　1/16　印张:8.5　字数:153 千字　插页:1
版次:2020 年 12 月第 1 版　2020 年 12 月第 1 次印刷
ISBN 978-7-307-21726-3　定价:30.00 元

# 前　言

理论上，成本是企业资源配置、资产运用及消耗的结果，制造类企业中的生产资源按照预计业务量来配置，各种资源的投入与预计的业务量是互相匹配的。Anderson 等（2003）首次发现一般费用有粘性特征之后，成本粘性问题被学者广泛研究，成本粘性的研究范围被逐渐扩展为经营成本粘性和总成本粘性（Calleja et al.，2006；Weiss，2010；Chen et al.，2012；Kama and Weiss，2013；Banker et al.，2013c；Banker et al.，2014）。但是现有文献并未把成本的分类与成本粘性形成的动因理论有效对应，同时，成本费用是企业资源配置的结果，市场需求不确定性是预期可能发生调整成本的根源，是形成成本粘性的根本原因。同时本质上，对于制造业上市公司来说，生产资源投入较大，伴随宏观经济环境变化，成本与收入之间的变动不对称性会增加，在经济周期、货币政策等宏观经济因素的影响下，当收入水平发生波动时，行业特征、资产属性以及高管决策行为等因素所形成的固化成本无法及时、有效缩减，盈余的不规则波动性增加，经营风险加大，也构成增加财务分析师预测工作难度、降低其盈余预测准确程度的重要后果。

现实中，相比管理费用、销售费用和财务费用形成的一般费用，生产经营成本主要是由企业专用性资产投资和资本密集度形成的，受到调整成本的影响更大并给企业带来更加严重的经济后果。随着宏观经济周期波动，当业务量下降时，由于资产存在专用性特征，企业在短期内无法及时有效地削减约束性成本；同时，高管维护个人私利等机会主义动机也使酌量性成本具有“刚性”特点，导致成本下降的幅度小于业务量下降的幅度，使成本变动与收入变动呈现出非对称性状态，形成成本的粘性特征。而经营成本与收入之间的非对称性变动状态会促使资产使用主体和用途发生改变，形成巨额的资产价值减损，增大企业经营风险。因此，以经营成本为内容的成本粘性反映了宏观经济风险作用下企业的主要经营风险，本书从经营风险的视角考察成本粘性，将更有助于展现在外部经济环境作用下，企业经营风险伴随收入波动被放大的过程及负面经济后果，具有更深远的现实意义。

基于上述思路，我们在本书中从理论和实证两个方面来阐述和验证，简单归纳如下：

第 1 章　简要阐述研究动机、研究现状、研究贡献以及研究思路和方法。

第 2 章　从国内外的文献出发，总结近期国内外学者对成本粘性动因及经济后果的研究成果，同时围绕现有研究，提出本书从风险视角研究成本粘性问题的机遇和挑战。

第 3 章　围绕粘性理论、代理理论、产权理论和交易理论，为研究成本粘性的成因和经济后果奠定良好的基础，并构建理论分析框架。

第 4 章　将委托代理理论引入对成本粘性问题的研究，在控制企业自身经济特征以及宏观经济周期性变化等因素后，本书发现代理问题是加重成本粘性程度的重要原因。具体来说，CEO 的任期、更替、薪酬结构和企业自由现金流水平对企业的成本粘性程度都会产生显著影响；并且，在较强的公司治理环境中，代理问题对成本粘性的影响会显著减弱。在进一步分析中，按照企业的生命周期进行分组检验后发现，成熟期企业比成长期企业的成本粘性程度更高；且相比企业自身经济特征，代理问题对成熟期企业成本粘性程度的影响更加显著。

第 5 章　以 2005—2012 年 A 股制造类上市公司为研究样本，检验成本粘性对高管薪酬业绩敏感性的影响，以及公司治理因素对上述关系的调节作用。研究发现：成本粘性显著降低了高管薪酬业绩敏感性；对比国有企业，民营企业成本粘性与高管薪酬业绩敏感性之间的负向关系更加显著；对比国有企业，民营企业高管任期越长，成本粘性降低高管薪酬业绩敏感性的效应越明显；对比国有企业，民营企业公司透明度越低，成本粘性对高管薪酬业绩敏感性形成的负向影响越显著。

第 6 章　以 2005—2012 年 A 股制造业上市公司为研究样本，检验成本粘性对企业风险的影响，以及不同的投资效率对上述关系影响的差异。研究发现：在外部经济风险和内部经营风险的共同作用下，成本粘性显著增加了企业风险水平；当企业进行过度投资时，成本粘性与企业风险之间的正相关关系更加显著；当企业出现投资不足的情形时，成本粘性与企业风险之间的正相关关系显著减弱。

第 7 章　基于 2005—2015 年沪深 A 股制造业上市公司数据，研究在收入波动的情形下，行业属性、企业自身特征和高管决策行为放大经营风险形成成本粘性，进而降低财务分析师盈余预测质量的现象和作用机理，以及 XBRL 标准的应用提供的异质化信息有助于提升财务分析师的风险识别能力、提高盈余预测质量的重要路径。研究发现：成本粘性降低财务分析师盈余预测质量，增加财务分析师盈余预测误差和分歧度；XBRL 标准的应用能够有效缓解成本粘性与财务分析师盈余预测质量之间的负相关关系，并且此效应在规模较大的上市公司中更加显著。

第 8 章　总结本书，提出政策建议和启示以及研究局限和展望。

# 目　录

# 第1章 导　　论

## 1.1 研究动机

### 1.1.1 研究背景

实践中，随着能源、人力、资本以及其他生产要素成本不断增加，制造业企业的成本水平持续上涨，高成本、高库存等问题不断涌现。同时，宏观经济快速发展导致传统销售渠道失灵、电商和海淘崛起、消费观念升级，制造业企业高成本形成的营业风险被急速放大。2019 年 12 月，汇源果汁股价暴跌 82%，这家饮料领域“国产英雄”的崛起，顺应了中国工业时代“大生产+大零售+大渠道+大品牌+大物流”的潮流。然而随着互联网时代到来，尤其是移动互联网的飞速发展，汇源果汁靠电视广告的宣传模式，无法触及新型消费者。在并购搁浅、管理失败和成本控制无效的共同作用下，老化的品牌和传统的销售渠道无法给企业带来稳定的现金流入，高昂的成本费用不能被持续的收入弥补，构成汇源果汁盈利波动性增加、经营风险暴增的重要原因。因此，有效配置经营资源和及时调整经营模式，促使成本与宏观环境变化之间保持适度弹性，以增强企业在动态经济环境中抵御风险的能力，成为众多制造业企业走出困境和持续发展的重要举措。

预计业务量决定企业各种资源的投入，资源在配置和运用的过程形成成本费用，因此从理论上讲，成本与收入的水平是相匹配的。Anderson 等（2003）以美国公众公司为研究样本，首次发现企业在缩减 SG&A（销售费用、一般费用和管理费用）的过程中具有“刚性”特征，即当收入下降，成本费用下降的幅度远远小于收入下降的幅度，两者之间呈现出不对称性特征，形成粘性现象。从本质上分析，成本粘性作为会计信息的一种表现形式，不仅体现收入和成本之间的配比情况，还反映了宏观经济周期波动下，行业属性、企业资产特征以及高管决策行为所形成的经营风险。具体表现为：企业在不断周期性变化的宏观经济环境中生存，在市场景气度较高的情形下，企业往往不断增加投资，甚至进行过度投资等扩张行为，给企业带来隐性产能过剩等问题，伴随外部需求增加，较好的市场前景和良好的营业收入消化和掩盖了这些隐形问题；随着宏观经济步入衰退期，企业外部需求由于市场萧条出现下降趋势，营业收入下滑，然而企业高昂的成本水平并没有随之有效缩减，导致企业绩效降低，股东利益遭受巨大损失。因此成本粘性特征本质上反映了在外部经济风险的作用下，企业内部的经营风险随着收入水平波动被放大的过程。

### 1.1.2 问题提出

基于上述研究背景，收入和产生收入所耗费成本费用之间的不对称变化程度直观反映出企业遭遇的宏观经济风险，成为影响企业持续经营的风险因素。由于不断循环波动的经济周期影响企业的成本粘性程度，并且形成企业的经营风险，探究成本粘性问题的成因问题及其影响因素，运用有效的措施减轻制造类企业的成本粘性、缓解其经济后果，具有重要的意义。基于以上分析，本书从以下几个角度对成本粘性问题进行研究，并且提出四个研究问题：

(1) 基于契约理论，签订长期契约对公司的经营活动会产生约束作用，制造类上市公司出现成本粘性特征最直接的原因有两点：契约的签订及其形成的沉没成本。然而，成本粘性特征不仅仅反映了企业的成本水平，还体现了在宏观经济周期波动的影响下，企业自身行业以及资产属性所形成的经营风险。从理论上分析，宏观经济不确定性使得企业外部需求发生变化。宏观经济环境决定了企业发展的机会状态，较为繁荣的经济环境能够给企业提供扩展业务的机会，而经济不景气会影响市场对产品或服务的需求。具体来讲，当宏观经济处于繁荣期，人们的收入以及消费水平都会出现较好的增长趋势，形成良好的产品市场需求，使得企业的生产规模增大，盈利水平上升；而当宏观经济步入衰退期，市场规模会随着人们消费能力和动机的减弱而减小，企业经营状况也会由于产品市场需求的减少逐渐呈现下降趋势。同时，由于企业的投资行为与经济周期的变化具有“同周期性”，企业在经济繁荣期的大规模扩张行为会在衰退期逐渐暴露出质量和效率问题。由于高昂的成本不能得到及时控制，随着收入发生波动，成本与收入变动的非对称性状态加重，虚增的企业规模严重影响了企业运行效率，给股东带来风险和损失。因而，市场环境和外部需求变化使得企业的收入发生波动，成为形成成本粘性特征的必要条件，反映出宏观经济不确定性情形下企业遭受的经济风险。基于此，本书提出：

问题一：除了企业内部经营效率对成本粘性问题有影响之外，宏观经济不确定性如何影响企业的成本粘性程度，并进而形成企业风险？在宏观经济不确定情形下，企业的“顺周期”投资行为对于成本粘性特征加剧企业风险的关系会产生什么样的影响？

（2）现有文献多从契约观和效率观角度研究成本粘性问题的成因，然而从代理观的角度考虑，高管作为企业价值创造过程中重要的生产要素，如果公司内部和外部的治理措施较弱、约束机制不够健全，在企业的日常经营活动中，高管的决策权、执行权都会随着其任期的增长逐渐变大（李培功等，2012；卢锐，2008）。随着高管在决策过程中的个人意愿增强，董事会对其的监督作用减弱，容易出现高管自定薪酬、个人帝国建设等机会主义行为，进而导致企业代理成本增加，资源配置效率降低等负面影响。因此，除了宏观经济波动、企业的行业属性以及资产特征等因素对成本粘性特征产生影响之外，由于股东与高管之间存在代理问题，高管往往不考虑投入与产出之间的比例，大量消耗企业资源，利用扩大企业规模或增加管理成本等行为来营造企业帝国，实现其个人机会主义动机，并进而导致成本水平大幅上升。基于此，本书提出：

问题二：在考虑宏观经济不确定性、企业的行业属性以及资产特征等因素之后，高管与股东之间存在的代理问题是否影响成本粘性；在不同的公司治理措施和企业生命周期中，企业的经济特征与代理问题对成本粘性的影响是否相同。

（3）现有文献对成本粘性特征的成因和影响因素进行了广泛研究，但是较少从其会计信息经济后果的角度深入探讨。一方面，利润中包含了成本信息，成本粘性对企业盈余信息质量形成重要的影响；另一方面，成本信息是盈余预测的主要基础，管理层和财务分析师对成本粘性的关注程度会影响其盈余预测质量。成本粘性特征综合反映企业遭受的经济风险和经营风险，并导致企业的盈余波动性增大的过程，对投资者的决策行为以及资源配置都会产生一定的影响。基于此，本书提出：

问题三：成本的粘性特征作为企业重要的会计信息，对投资者的投资决策和资源配置是否有影响；财务分析师作为企业财务会计信息的搜集者，他们对成本粘性问题形成的潜在风险是否具有识别能力。

（4）成本粘性特征本质上反映了在外部经济风险的作用下，企业内部经营风险随着收入水平变动被放大的过程。现有文献多用净利润、净资产收益率等会计指标的标准差来替代企业风险（周嘉南和黄登仕，2006；余明桂和李文贵，2013），为研究企业风险问题提供了经验证据。但是，利润表中滞后的会计盈余指标更多地体现了企业滞后的会计信息，并不能够反映在经济风险影响之下企业潜在的经营风险，不利于股东根据经营环境的变化及时、有效调整薪酬契约，提高高管薪酬业绩敏感性。值得注意的是，资产负债表和利润表的成本信息是衡量制造类企业资产结构优化程度、保持持续发展能力的重要指标。基于此，本书提出：

问题四：成本粘性特征作为综合反映经济风险和经营风险的会计信息，如何影响高管薪酬业绩敏感性；根据我国特有的制度背景，在产权不同的上市公司中，上述关系如何变化。

基于以上研究背景及问题，本书以2005—2012年A股制造业上市公司为研究样本，对本书的研究问题进行实证检验。本书拓展了成本粘性问题的研究视野，有利于上市公司意识到成本粘性特征形成企业风险的重要作用机制，对于有效控制成本粘性程度，提高企业的经营效率和抵御风险的能力，发挥高管薪酬契约有效性具有重要意义。

## 1.2　研究意义

### 1.2.1　理论意义

Anderson等（2003）以美国公众公司为研究样本，首次通过实证方法发现企业在缩减SG&A（销售费用、一般费用和管理费用）的过程中存在“刚性”特点，即当收入下降，成本费用下降的幅度远远小于收入下降的幅度，两者之间呈现出不对称性特征，形成成本费用粘性现象，奠定了对成本粘性研究的基础。成本粘性特征作为制造类企业的重要特征，反映了当营业收入减少，由于短期内不能有效削减成本，成本与收入变动呈现出的非对称性特征。理论上，成本粘性现象的发现及其成因的揭示是管理会计领域的一大突破，大量学者在Anderson等（2003）的研究成果上验证企业的行业属性、资产特征以及高管的决策行为对成本粘性程度的影响（Calleja，2006；孙铮和刘浩，2004；刘武，2006；孔玉生等，2007；刘彦文和王玉刚，2009）。企业内部管理效率固然是导致成本出现粘性特征的主要因素，然而从经济环境动态变化的角度看，由于宏观经济周期性波动，企业的收入水平以及投资行为都会相应地发生变化，进而对成本粘性程度形成直接和间接的影响，外部不断波动的经济周期是导致企业成本粘性程度加重、风险水平增大的重要原因。本书从宏观经济不确定性的角度，对成本粘性特征形成企业风险的作用机理、影响因素及其经济后果等问题进行深入研究，有助于扩展成本粘性问题的研究视野。

### 1.2.2 实践意义

实践中，制造类上市公司的营业成本约占营业收入总额的80%，外部宏观经济和内部管理运营效率都是影响企业风险的重要因素，使得企业之间的竞争更加激烈。具体原因在于：一方面，随着宏观经济波动，企业的收入水平受到影响，进而影响企业的盈利水平；另一方面，如果企业的成本粘性程度较高，在宏观经济风险的作用下，难以调整的成本水平使得企业的经营风险无限放大，随着收入下降，企业的盈利水平迅速下降，竞争优势丧失，进而使得股东利益遭受巨大损失。2008年至今，席卷全球的金融危机使我国宏观经济经历了从快速增长到快速衰退的过程，导致了一大批国内外知名企业破产，广大学者和管理人员逐渐认识到宏观经济风险是引发企业亏损甚至破产的重要原因。基于此，在企业成本管理实践中，认识到成本粘性现象并采取措施缓解成本变动的粘性程度，是减轻企业风险、维护股东利益的有益行为，对于管控风险、促进企业持续发展具有重要的现实意义。

## 1.3 研究贡献

本书从宏观经济不确定性的视角，对成本粘性特征形成企业风险的作用机制，企业的"顺周期"性投资行为加重成本粘性特征并进而增加企业风险的过程，高管的代理行为对成本粘性特征的影响，以及成本粘性特征作为会计信息对投资者的决策行为和高管薪酬契约形成的经济后果等问题进行深入研究，主要贡献体现在以下几个方面：

第一，本书扩展了成本粘性问题的研究视野。本书对成本粘性特征反映企业外部经营环境变化、内部资产特征和高管决策行为的过程进行分析。为深入探讨企业风险的来源及传导机制提供理论依据；为说明在宏观经济环境不确定情况下，企业采取与宏观经济"顺周期"的投资行为是降低企业经营效率、增加风险的重要原因提供经验证据，有利于企业提高投资和经营效率，降低风险水平。

第二，本书丰富了成本粘性代理观方面的实证研究。人力资本是企业价值创造中重要的生产要素，基于代理理论，高管和股东之间的代理矛盾使企业产生大量的代理成本，降低了企业的效率，增加了企业风险。因此，建立高管和股东收益共享、风险共担的代理合约有利于实现股东利益最大化目标，降低企业的风险水平。本书以委托代理理论为基础，将成本粘性问题的研究向前延伸到股东和CEO的代理关系上，探究高管作为企业的决策者和价值创造者，其代理特征对企业成本粘性的影响，为完善公司治理，降低企业成本粘性程度，管控风险提供经验证据。

第三，本书深化了成本粘性特征作为会计信息，有助于投资者决策方面的研究。随着我国资本市场快速发展，财务分析师作为信息中介的作用越来越重要，本书从成本粘性特征增加企业风险水平的角度出发，理清了成本粘性特征、企业风险和财务分析师盈余预测准确度之间的逻辑关系，证明三者之间存在传导关系。为说明成本粘性特征放大企业风险，进而影响投资者的决策行为提供经验证据；为缓解成本粘性程度、提高我国资本市场的资源配置效率提供经验支持。

第四，本书拓展了成本粘性特征作为会计信息，影响高管薪酬契约有效性方面的研究。基于代理理论，本书在分析成本粘性问题形成原因的基础上，利用成本粘性特征能够综合反映经济风险和经营风险的重要特点，深入探讨成本粘性特征形成企业风险，进而影响高管薪酬契约有效性的重要过程，为证明在产权性质不同的企业中，成本粘性特征作为风险因素，对高管薪酬契约有效性形成有差异的经济后果提供经验证据，有利于丰富和拓展成本粘性问题经济后果方面的研究成果。

## 1.4 研究思路和研究方法

### 1.4.1 研究思路

本书以粘性理论、契约理论和有效市场理论为基础，沿着“问题提出——理论研究——实证研究——政策建议”的研究路线采取规范分析方法、实证分析方法对选题进行深入研究。首先，本书从现有成本粘性问题的研究背景出发，提出研究问题，阐述本研究的意义与贡献。其次，本书在对成本粘性特征出现的原因、影响因素以及经济后果等文献梳理的基础上，对粘性理论、契约理论以及有效市场理论的分析与评述，选择2005—2012年A股制造业上市公司为研究样本，对本书的研究问题进行检验：第一，从宏观经济不确定性的角度，对于成本粘性特征与企业风险之间的关系，以及企业不同的投资效率对上述关系的影响进行实证检验。第二，检验高管的代理特征对成本粘性程度的影响，以及公司治理措施对上述关系的影响。第三，检验企业成本粘性特征对财务分析师盈余预测准确程度的影响，运用中介效应检验法和路径分析法来探索成本粘性特征对财务分析师盈余预测准确度的影响及企业风险在其中承担的中介作用。第四，根据成本粘性特征综合反映了外部经济风险和内部经营风险的特点，把成本粘性特征作为企业风险的替代变量，检验在产权性质不同的企业中，成本粘性特征对高管薪酬业绩敏感性的影响。第五，本书运用实证方法对以上研究问题进行分析检验，并得出研究结论。具体的研究路线框架如图1.1所示。

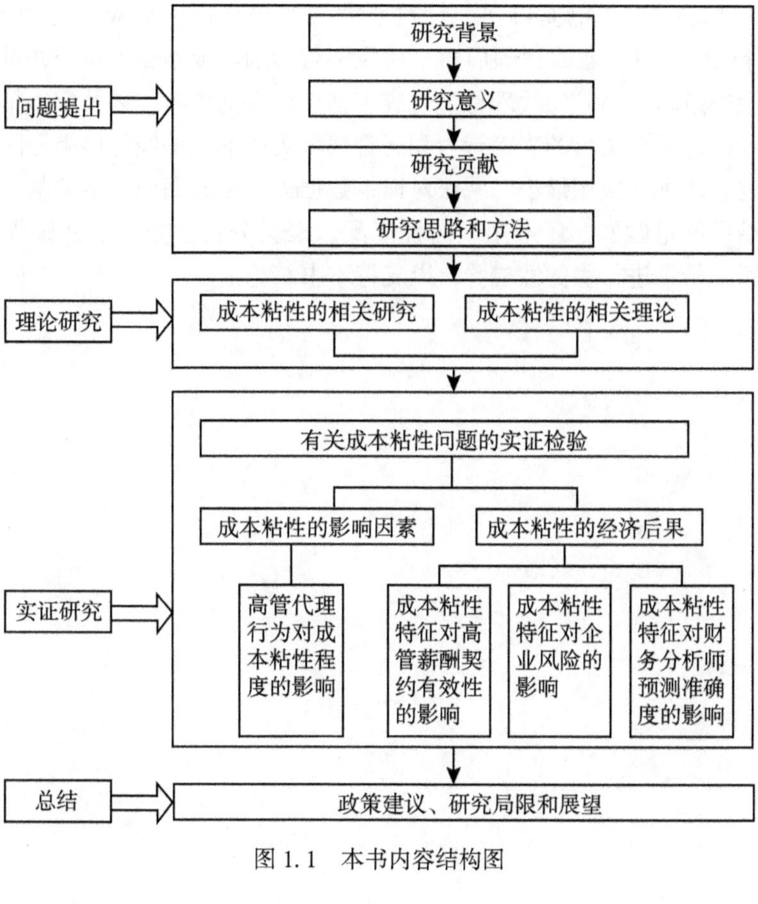


图1.1 本书内容结构图

### 1.4.2 研究方法

在研究方法方面，本书综合运用理论分析法和实证检验分析法对研究假设进行分析验证，具体如下：

（1）基于经济学粘性理论、契约理论以及有效市场理论，本书从宏观经济不确定性的角度，对成本粘性特征的成因及其经济后果进行理论分析，对于成本粘性特征形成企业风险的重要作用机理进行深入研究，并由此发现成本粘性问题是企业在遭受宏观经济周期波动的过程中，行业属性和企业资产特征形成的经营风险被放大，进而使得成本的变动幅度与收入变动幅度不对称的重要本质。在此基础上，本书依据现有文献和相关理论对成本粘性特征的影响因素及其经济后果等问题进行实证研究。

（2）在理论分析的基础上，针对研究问题提出研究假设，运用 STATA、AMOS 等软件，对企业的“顺周期”性投资行为加重成本粘性特征并进而增加企业风险的过程，高管的代理行为对成本粘性特征的影响，以及成本粘性特征作为会计信息对投资者的决策行为和高管薪酬契约形成的经济后果等问题进行深入研究。本书在使用最小二乘法对样本数据进行多元回归分析的基础上，为了研究结果的稳健性，还采用倾向性匹配、聚类分析、分位数回归等其他方法，对回归结果进行稳健性检验，以支持本书结论。

# 第2章 文献回顾

## 2.1 成本粘性的概念

在传统管理会计理论中，模型 $y=a+bx$ 通常被用来表达成本的结构组成，以及成本与业务量之间的关系。从成本的结构可以看出，成本分为固定成本和变动成本，并且变动成本与当期业务量的变化呈正比例变化，因此在理论上，无论业务量上升还是下降，成本随之变化的幅度是对称的，即成本的边际变动与业务量变动的方向无关，成本随业务量变化的幅度是相同的。然而，Noreen和 Soderstrom（1997）对成本习性模型提出质疑，在成本管理的实践中，高管的成本管理行为使得成本随业务量变化的幅度大小取决于业务量变化的方向，通常当成本在业务量上升时，成本增加的幅度要大于当业务量下降时成本减少的幅度。即当业务量变化的方向不同时，即使业务量的变化幅度相同，成本随之变化的幅度也是不相同的。Anderson、Banker 和 Janakiraman（2003）等借用经济学中“价格粘性”的概念，将成本在随着业务量上升和下降时变动幅度不对称这一现象称为“成本粘性”（cost stickiness）（见图 2.1）。

Anderson 等（2003）以美国公众公司为研究样本，首次通过实证方法发现企业在缩减 SG&A（销售费用、一般费用和管理费用）的过程中存在“刚性”特点，即当收入下降，成本费用下降的幅度远远小于收入下降的幅度，两者之间呈现出不对称性特征，形成成本费用粘性现象，奠定了对成本粘性研究的基础。Chandra 等（2003）将 SG&A（销售费用、一般费用和管理费用）加入销售成本，对上市公司的成本费用粘性特征进行验证。研究结果发现，样本中的 SG&A、销售成本以及全成本都出现粘性的特征。Calleja 等（2006）验证了企业的资本密集度、劳动力密集度、负债比率、运营资本率和净资产收益率等因素对成本粘性特征的影响，研究发现，只有资本密集度和劳动力密集度两个因素对成本粘性程度有显著影响。

在我国，孙铮和刘浩（2004）以 292 家上市公司 1994—2001 年的数据为

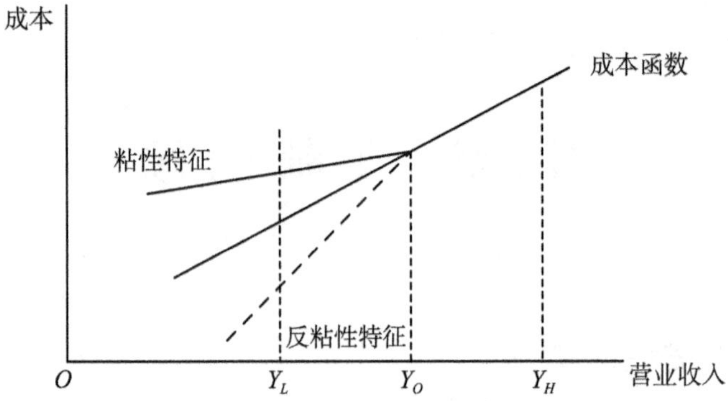


图 2.1 成本粘性特征

注：根据 Balakrishnan 等（2004）的解释，粗体线表示的成本函数是指产能利用程度较高的企业在收入从 $Y_O$ 下降到 $Y_L$ 时体现出的粘性特征；虚线体是表示产能过剩的企业在收入从 $Y_O$ 下降到 $Y_L$ 时体现出的反粘性特征。

研究样本，对我国上市公司的费用粘性特征进行研究后发现，当销售收入减少 1%时，成本费用只缩减了 0.057%；而当企业的销售收入增长 1%时，成本费用增长幅度高达 0.5597%，证明我国上市公司存在成本费用粘性特征。孔玉生等（2007）研究发现，随着营业收入上升 1%，营业成本增加 1.0375%；而当营业收入下降 1%，营业成本缩减的幅度只有 0.909%，说明了我国上市公司存在成本粘性特征；并且，时间范围、企业的行业属性、公司特征、资本密集度、劳动力密集度以及业务量的变化幅度等因素都会显著影响成本粘性程度。刘武（2006）以 1998—2005 年沪深 A 股上市公司的年度财务数据为样本，通过研究发现，房地产业等行业的费用粘性相对较弱或不存在，而制造业和信息技术业存在较强的费用粘性行为。刘彦文和王玉刚（2009）检验了宏观经济增长、资本密集程度和历史费用三个因素与我国上市公司成本费用粘性程度之间正相关关系。

现有文献主要集中于验证上市公司存在成本粘性特征，以及宏观经济因素、行业属性、资产特征属性与成本粘性特征之间的关系。对于成本粘性经济后果方面的研究主要限于其对投资者决策有用性的影响。然而成本粘性程度不仅仅体现了收入和成本之间的配比情况，还反映了宏观经济周期波动下，行业和企业资产特征以及高管决策行为所形成的经营风险。具体表现为：企业在不断周期性变化的宏观经济环境中生存，随着宏观经济波动，企业的收入水平受到影响，进而影响盈利水平；同时，如果企业的成本粘性程度较高，难以调整的成本水平使得经营风险无限放大，随着收入下降，企业的盈利水平迅速下降，竞争优势丧失，进而使得股东利益遭受巨大损失。因此，成本粘性特征本质上反映了在外部经济风险的作用下，企业内部的经营风险随着收入水平波动被放大的过程。基于代理理论，随着企业风险的增加，高管薪酬业绩敏感性会下降，因此从企业风险角度，对成本粘性特征与高管薪酬契约有效性之间的关系进行分析和实证检验，有利于深入研究成本粘性问题的经济后果，丰富成本粘性特征研究。

## 2.2 成本粘性的成因

### 2.2.1 宏观因素

宏观经济波动对微观企业投资、融资决策以及经营活动过程有着重要的影响。应惟伟（2008）和江龙、刘笑松（2011）从现金流的角度研究了不同的经济周期阶段对微观企业的影响。在宏观经济周期的波动影响企业的投资、融资活动的同时，企业的投资效率和资产运用水平会通过成本信息充分反映出来。理性的投资决策以及较好的资产运用，能够提高企业的竞争能力，带来更多的收入，使得成本与收入变动的对称性更高，有利于减弱业绩的波动性。但是也可能会由于投资效率低、经营不善等原因，使得成本在投资扩张之后迅速增加，由于没有得到预期收益，成本与收入之间的变动出现严重的不对称性，进而导致企业的风险水平大幅增加。因此在宏观经济不确定性情况下，收入的波动是形成成本粘性特征的重要条件，同时由于高管决策行为、投资环境改变等方面的原因，企业的投资效率、资产的使用状况都会影响成本粘性程度，进而加剧企业风险。

马永强和张泽南（2013）在探讨管理者盈余动机对上市公司成本费用粘性影响的基础上，考察了金融危机冲击对不同产权背景上市公司成本费用粘性的增强和削弱效应，研究发现：表明具有保盈动机的管理者会降低成本费用粘性；金融危机促使国有控股公司成本费用粘性增强，非国有控股公司成本费用粘性减弱；金融危机与保盈动机的双重驱动效应会削弱上市公司的成本费用粘性，并在金融危机爆发初期表现得更为充分。江伟和涂柳媚（2014）以2008年全球金融危机为背景，验证了企业战略竞争选择与成本粘性特征之间的关系，并且从经营环境动态变化的角度，考察2008年金融危机爆发之后，不同的竞争战略对成本粘性特征的影响。研究发现，成本领先战略会使得企业的成本粘性程度降低，而差异化竞争战略能够加重成本粘性程度。同时在全球金融危机爆发之后，相比成本领先战略，差异化战略对企业成本粘性特征的影响作用下降。刘媛媛和刘斌（2014）从我国颁布和实施《中华人民共和国劳动合同法》的角度，对 A 股制造业上市公司人工成本粘性程度的特征进行实证检验，以及企业所采取的应对措施。研究发现：我国《劳动合同法》颁布之后，企业的人工成本粘性程度加重，表现为薪酬粘性；同时导致了企业用机器设备替代人工的应对策略，以上结果在民营企业中更加显著。

### 2.2.2　行业特征

以 Anderson 等（2003）的研究成果为基础，国内外学者对成本粘性特征的成因问题展开广泛的研究。Calleja 等（2006）验证了企业的资本密集度、劳动力密集度、负债比率、运营资本率和净资产收益率等因素对成本粘性特征的影响，研究发现，资本密集度和劳动力密集度两个因素与成本粘性程度存在显著正相关关系。孔玉生等（2007）研究发现，随着营业收入上升 1%，营业成本增加 1.0375%；而当营业收入下降 1%，营业成本缩减的幅度只有 0.909%，说明了我国上市公司存在成本粘性特征；并且，企业的行业属性、公司特征、资本密集度、劳动力密集度以及业务量的变化幅度等因素都会显著影响成本粘性程度。刘武（2006）以 1998—2005 年沪深 A 股上市公司为样本，通过研究发现，房地产业等行业的成本费用粘性相对较弱或不存在，而制造业和信息技术业存在较强的成本费用粘性行为。韩飞（2011）对 2000—2009 年期间我国制造类企业的二级行业进一步细分并进行相关检验。结果发现，金属、非金属制造业不存在成本粘性，并且食品饮料制造业以及医药生物制品制造业的成本粘性程度最大。

### 2.2.3　公司特征

Subramaniam 和 Weidenmie（2003）在 Anderson 等（2003）的研究基础上，从公司属性的角度，验证了企业的销售收入波动、资本密集度、员工密集度等因素与成本粘性程度之间的相关关系；Balakrishnan 等（2004）的研究表明，企业的成本粘性程度会受到生产能力的制约。Kenneth 等（2006）在研究中加入资产负债率、营运资本率和净资产收益率等变量，进一步完善了公司属性对成本粘性特征影响的相关研究。孙铮和刘浩（2004）从宏观经济增长和资本密集型两个变量的角度，研究对企业成本粘性特征的影响，发现它们对成

本费用粘性的增强效果并不显著。孔玉生等（2007）参照 Kenneth 等（2006）的研究方法，对影响成本粘性的公司属性进行实证检验后发现，企业的资本密集度和劳动力密集度都是影响成本粘性程度的重要因素。刘彦文和王玉刚（2009）验证了企业资本密集程度和历史费用三个因素与成本费用粘性程度之间的相关关系。

### 2.2.4 高管自由裁量权

Anderson 等（2003）、Banker 和 Chen（2006）、Banker 等（2010b）、Banker 等（2014）、Banker 等（2015）等学者的研究结果支持了高管的决策行为能够显著影响企业的成本粘性特征。Anderson 等（2003）发现，在销售收入连续两年出现下降趋势的情况下，基于对未来销售收入的乐观预期或迫于考核要求等原因，高管会加大缩减成本的力度，导致成本粘性程度下降；在宏观经济形势较好的时期，良好的市场前景使得管理者对未来收入持乐观的预期，因此，虽然收入出现波动，高管并不会对成本进行大幅度的缩减，导致成本粘性程度加重。以上结论和 Banker 和 Chen（2006）以及 Kama 和 Weiss（2010）的检验结果一致。Dierynck 等（2012）和 Kama 和 Weiss（2013）的研究发现，基于实现当期盈余目标的动机，高管会降低成本费用粘性。Banker 等（2014）验证了上期销售收入变动对于高管进行成本调整决策行为的影响。Banker 等（2015）发现，当未来的市场需求存在高度不确定性时，高管维持企业最优成本水平的决策能力降低。因此，基于宏观经济波动的不确定性，高管对未来销售收入预期的乐观程度，对成本粘性程度形成了直接的影响。具体体现在，当销售收入下降时，乐观的管理者往往会保留部分多余的生产能力，以减少调整成本的支出，而悲观的管理者更加倾向于较大幅度地缩减产能；当销售量上升时，相比悲观的高管，乐观的高管通常会更多地增加生产能力，以增加企业的核心竞争能力。因此，高管的不同决策行为使得企业成本粘性程度受到不同的影响。同时，Chen 等（2013）检验了高管过度自信对成本粘性程度的影响。研究发现：高管过度自信会导致对未来销售收入的乐观预期，使得企业的成本水平提高，成本粘性程度强化。

### 2.2.5 代理问题

Anderson 等（2003）首次用实证检验的方法发现成本粘性问题，并指出，出于为自身的考虑，管理者在收入下降时会保留过多未被充分利用的资源，企业因此增加了代理成本。具体原因是，高管和股东之间存在代理问题，高管会

利用扩大企业规模、增加管理成本等行为来营造“个人帝国”，从而增加自身在地位、权力和名誉等方面的私利（Masulis，2007）。Chen 等（2008）也指出，企业出现成本粘性特征与高管建立个人帝国的动机有关。广大学者以代理理论为基础，从公司治理措施、高管盈余管理动机等方面对高管的决策行为与成本粘性特征之间的关系进行验证（Calleja et al.，2006；Chen et al.，2008；Dierynck and Renders，2009）。Calleja 等（2006）在研究成本粘性问题的过程中，对比了美国、英国、法国以及德国四国的销售成本粘性，结果发现，法国和德国企业的成本粘性程度更高。具体原因是，美国和英国的金融体系以资本市场为中心，相比之下，法国和德国的金融体系以银行为中心。因此，美国和英国上市公司高管更加关注股东的利益，而法国和德国上市公司高管则倾向于关注相关利益者的利益，由此导致法国和德国企业的治理措施较弱，高管的决策行为使得成本粘性程度更高。Chen 等（2008）以美国公众公司为样本，验证了内部治理环境与成本粘性程度之间的关系。研究发现在较强的公司治理环境中，成本粘性程度较弱。Dierynck and Renders（2009）考察了高管的盈余管理动机对企业成本粘性的影响。他们发现：当公司的盈利增长幅度较小，在保盈动机的趋势下，高管进行盈余管理动机较强，因此成本粘性相对较弱。此外他们也发现，高管使用应计项目来进行盈余管理，会使得企业的成本粘性程度增强。Kama 和 Weiss（2010）研究发现，在高管规避利润损失动机的趋势下，企业的成本粘性程度显著降低。

理论上，虽然薪酬契约使得高管与股东之间存在风险共担、盈利共享的合作关系，然而高管不拥有企业的剩余索取权，因此高管和股东都在追求自身利益最大化，他们之间还存在利益冲突。基于个人利益最大化目标，高管在日常经营过程中往往存在个人帝国建造动机，增加自身在地位、权力和名誉等方面的私利。所谓个人帝国建造动机是指，高管倾向于扩大企业正常的规模或者维持产能较低的资源，从中获取名誉、薪酬方面的个人利益。在此动机之下，高管在企业资源配置和日常成本投入方面，会利用过度投资等行为来扩大企业规模，或者维持利用率较低的资源使得企业产能处于较高水平，在缺乏考虑未来经济趋势和企业收入状况的情况下，通过操纵成本费用粘性来扩大或保持企业的规模，使得企业的资源配置水平偏离最优状态。由于在盲目扩张时，高管并未考虑投资有效性以及资产的运用效果，企业的成本大幅度快速虚增，成本粘性程度较高，严重影响企业运营效率，形成潜在的经营风险。其内部作用机制体现在两个方面：

首先，在机会主义动机的驱使下，高管倾向于积极扩大企业规模的行为。

在建造个人帝国动机的驱使下，高管倾向于扩大企业正常的规模或者维持产能较低的生产资源，从中获取名誉、薪酬方面的个人利益，导致企业成本的水平和增速超过最优状态（Masulis，2007；Jensen，1986；Stulz，1990；Hope，2008）。Williamson（1963）发现高管倾向于超额雇用员工，用以扩大企业规模，实现其建造个人帝国的动机。此后不断有学者发现，高管不仅仅利用操纵销售管理费用来实现私利，也会通过利用并购等策略进行扩张和维持企业规模，来实现其建造个人帝国的机会主义动机，进而导致企业的成本粘性程度加重（Titman et al.，2004；Dittmar and Mahrt Smith，2007；Masulis et al.，2007；Chen et al.，2008）。

其次，在机会主义动机的驱使下，高管缺乏采取缩减企业规模的行为。如果企业规模较大，或者组织机构比较复杂，高管会获得更多的薪酬水平，也会在企业中享有更高的权力和地位。当企业的收入发生波动时，高管并不会对成本水平进行有效缩减，因为缩减成本会使得企业的风险水平降低，使得股东利益得到保障，而高管自身却失去了高收益的机会。Anderson 等（2003）认为，高管为了实现个人效用最大化，在企业中保留过度未被充分利用的生产资源。同时也有学者发现，高管之所以在日常经营活动中避免进行成本的缩减，是由于高管“偷懒”的个人原因（Bertrand，2003；Datta，2010）。因此，当营业收入上升时，为了实现更高的产能水平，提高企业的竞争能力，实现高收益的目标，高管往往会投入过多的生产资源；然而当收入下降时，高管却倾向于降低缩减成本水平的幅度，导致企业成本的水平和增长速度过高，偏离了资源配置的最佳水平。因此，高管在成本决策时受到个人机会主义动机的驱使，忽略了企业边界的约束和资源的效率配置，使得企业的规模和产能最大化，加重了企业的成本粘性程度（江伟和胡玉明，2011）。

同时基于代理成本，也有学者从企业避税和外部监管的视角进行研究，并发现当企业避税程度较高时，成本对收入之间的非对称性降低（Xu and Zhang，2018）；长期机构投资者有助于缓解成本费用粘性（Chung et al.，2019）。

### 2.2.6　小结

综合以上研究，大多数分析框架建立在经济学契约理论基础之上，研究企业的行业属性和资产特征对成本粘性特征影响的文献较多。基于客观经济环境视角，学者对成本粘性问题的研究多基于常态经济或者把宏观经济变化因素当作控制变量，较少从非常态经济和完整的经济周期的视角，对成本粘性的动态

变化特征进行考察。由于企业在不断循环波动的经济周期中生存和发展，宏观经济周期是影响企业经营效率和风险程度的因素。具体体现在：大多数处于经济繁荣期的企业销售收入会增加，前景乐观，企业有很强的投资冲动，甚至形成过度的投资和扩张行为，产能过剩成为投资扩张的产物，然而，这种现象被外部需求所消化和掩盖，成为隐性产能过剩。一旦经济周期转入衰退期，市场前景低迷，企业投资意愿较弱（应惟伟，2008），企业在前期盲目的投资以及快速增长的规模效应逐渐暴露出质量和效率问题，企业投入的资产和资源不能得到有效运用。企业的经济环境出现恶化，收入下降，但是虚增的企业规模影响严重了企业运行效率，高昂的成本不能得到及时控制，企业成本粘性程度加重，给股东带来风险和损失。

基于主观高管决策视角，目前主要存在效率观和代理观两种观点。效率观认为，当企业的收入水平下降时，高管可能是出于能力不足或过度自信，认为销售量的下降只是源于短期经济波动，不需要立即对成本资源进行调整，从而使得成本减少的幅度少于收入下降的幅度，正是成本在减少的过程中存在“刚性”特征，导致企业出现成本粘性现象。人力资本是企业价值创造中重要的生产要素，由于高管和股东之间存在代理矛盾，高管在日常经营过程中存在个人机会主义动机。为了实现自身的地位、权力和名誉等私人利益，高管常常会利用扩大企业的规模、增加企业的管理成本，或者保留企业中没有被利用的资源等行为来营造企业帝国。因此，个人机会主义动机使得高管在决策过程中的个人意愿增强，使得企业的成本粘性程度加重，代理成本增加，资源配置效率降低。

## 2.3 成本粘性的经济后果

### 2.3.1 对会计信息质量的影响

随着中国资本市场的发展完善，会计信息的重要性越来越被更多的投资者重视，企业收入、费用和成本确认的配比原则，很大程度上影响着信息使用者最关心的会计要素——盈余的质量（Graham et al.，2005）。因此近几年，我国上市公司收入与成本费用的配比程度与会计信息质量之间的关系是受到研究者关注的重要问题。

Banker 和 Chen（2006b）较早对成本习性在盈余预测中的作用进行了研究。企业的利润可以用本量利模型进行计算，因此一方面，利润中包含了成本

信息，另一方面，成本的特征是盈余信息形成的基础，并有助于对企业未来盈余进行预测。他们发现，相比由传统会计报表信息组成的盈余预测模型，包含成本信息的 CVCS 模型具有更高的预测准确性，因此，CVCS 模型能够更加有效地预测未来盈余水平，使盈余预测具有更高的信息含量。Anderson 等（2007）考察了成本费用粘性特征对会计盈余信息含量的影响。他们认为成本费用与销售收入变动的不匹配程度传递了管理者对未来会计盈余的预期，具体来说，成本费用与销售收入之间不对称性程度的增大并不是传递企业未来会计盈余变化的负面信息，而是说明管理者对未来会计盈余的预期比较乐观，因此传递了盈余的正向信息。Weiss（2010）发现，在成本粘性较强的企业中，财务分析师的跟踪人数少，并且盈余预测准确度减低。原因在于，相比成本粘性程度较弱的企业，成本粘性程度越强时，伴随收入减少，成本缩减的幅度较小，进而导致企业的会计盈余大幅下降，而会计盈余较大幅度下降会增加盈余的波动性，因此，使得预测未来会计盈余信息的难度增加。Banker 等（2014）认为，由于企业存在成本粘性特征，相比营业收入上升时，营业收入下降对盈余具有更大程度的影响，因此企业的成本粘性特征是影响会计盈余稳健性的重要遗漏变量。他们利用 Basu（1997）模型进行相关检验，实证结果证明假设成立。在国内，张路等（2014）对 1995—2011 年我国上市公司收入-成本费用的配比程度进行研究。发现在这段样本期间内，收入与成本费用的配比程度呈现出先下降后上升的趋势。进一步研究发现，收入和营业成本之间配比性的变化收到会计制度改革的影响。Banker 等（2016）研究发现，成本粘性对会计稳健性形成显著影响，并建议在研究会计稳健性的过程中要控制成本粘性因素构成的影响。Ciftci 等（2016）认为，财务分析师预测误差的存在不对称性特征，而成本粘性是重要的影响因素。Ciftci 和 Salama（2018）发现，管理层并不完全考虑成本粘性问题引起的盈余波动给信息需求者的影响，因此在管理层盈余预测的误差与成本粘性存在正相关关系。

### 2.3.2 小结

成本粘性特征作为企业的会计信息，在我国半强势有效的资本市场环境中，对于投资者的决策行为会形成一定的影响。然而，国内有关成本粘性经济后果的研究缺乏用实证方法成本粘性增加管理层盈余预测和财务分析师盈余预测误差的原因。根据成本粘性的定义，企业在经营过程中受到经济周期、货币政策等宏观因素的影响，在经济风险的作用下，行业属性、资产特征以及高管的决策行为等企业自身特征所形成的经营风险被放大，当收入水平发生波动时，盈余的不规则波动性增加，因而企业承担的风险增加。因此我们认为，随着外部环境变化，成本粘性程度越高，企业的盈余水平波动性越大，进而导致企业风险越大，这是增加盈余预测工作难度、降低其盈余预测准确程度的重要原因。同时，有关成本粘性对企业资源配置形成经济后果方面的研究较少，例如，Rouxelin 等（2018）研究发现，成本粘性对未来失业率的预测具有显著的影响。

# 第3章　理论基础

## 3.1　粘性理论

### 3.1.1　价格粘性

作为凯恩斯主义的基本信条之一，价格粘性指伴随市场总需求发生变动，价格并不会随之迅速发生变动的现象，新凯恩斯主义在凯恩斯主义的基础上，坚持和发展了这一理论。由于涉及市场机制有效性的基本假设，新凯恩斯主义经济学理论中的价格粘性理论展开对有效需求理论进行论述。凯恩斯理论和新古典经济学派尽管也设立了这样的基本假设，但是未能给出设立这样假设的原因，因此受到广泛诟病。新凯恩斯主义经济学学派则对市场机制有效性假设进行了充分的阐述和论证，并将凯恩斯主义经济学中价格粘性划分为名义价格粘性与实际价格粘性，在论证价格粘性理论的基础上给出合理理论解释与阐述，对于凯恩斯主义经济学理论的发展起到了重要的推动作用。

新凯恩斯主义在继承凯恩斯主义的基础上，把价格粘性分为两个部分：名义价格粘性和实际价格粘性。名义价格粘性是指，虽然名义需求变动，但是名义价格不会随之相应地发生变化。主要代表理论有曼昆菜单成本理论和交错调整价格理论。菜单成本理论认为，供应商调整价格需要发生重新制定、印刷商品价格表等相关成本，因此把每次变动均需要重新制定及印刷等花费称作菜单成本。对于垄断企业来说，其商品价格相对稳定，因而基于菜单成本思考，其名义价格一般较为稳定。交错调整价格理论认为，在完全竞争的市场环境中，厂商为了实现利润最大化通常不会采用同步方式来调整商品价格，因为通常各厂商调整价格的方式会形成一种交替式行为，即不同厂商的调价行为是有先有后的，因此形成一组调价行为的时间序列。在此过程中，由于市场上的厂商调整价格采取交错的方式，当总需求发生变化时，商品价格的变化会显得很迟钝，具有滞后性特征，进而导致物价总水平出现粘性。实际价格粘性是指各类产品之间的相对价格比具有粘性特征。在新凯恩斯主义中，需求非对称论、厂商信誉论和投入产出表三种理论组成实际价格粘性理论。

首先，需求非对称理论指如果市场中的商品价格发生上涨或者降低时，消费者的购买行为并不一定会随之变化，反而出现不同的反应，因而导致商品的供给与需求之间的变动出现非对称性特征。具体体现在，当商品需求减少，需求曲线会左移，虽然产出减少，需求拐点决定的价格不变，而只有当需求曲线从拐点处移到较高的位置上时，商品价格才会随之上涨到较高的拐点处。因此如果商品价格上涨或者下跌，消费者和厂商对价格的反应具有不对称性特征，即如果厂商为了扩大销量，采取降低价格的战略在市场上进行销售，然而效果往往不会马上呈现出来。首先，寻找适合降价的商品需要花费较大代价；其次，虽然厂商进行降价策略，但是消费者在短期内可能不会改变消费方式和习惯，厂商进行商品降价不一定能增加需求，同时降价所造成的损失不能通过扩大销售得到弥补。因此，厂商出于利润最大化的考虑一般不会采取降价策略，而是把商品价格提高到拐点处，由于价格并未高于拐点，因此出于考虑搜索降价产品的代价，消费者短期仍然留在厂商处购买商品。因此，只要经济环境不变，拐点不变，适度提价能够保证厂商的销量，并能取得最大化利润。因此，产品的价格产品的价格比也相对地稳定，实际价格有粘性。

其次，厂商信誉论指由于市场上存在信息不对称等问题，消费者在购买商品时通常对所要购买的商品缺乏完全的信息，处于信息不对称的劣势地位，只能通过价格来判断商品质量，如果商品价格略高于其他厂商的商品，则该商品的质量和服务会优于其他商品，即消费者根据价格来评判商品质量优劣做出购买决策。这种决策方式使得价格具有选择效应，并且产生一种激励效应，鼓励厂商为了实现长期经营，稳定地获得高额利润的目标，就必须维护商品声誉，保持产品高质量的特征。因此，如果厂商统一采取价格高、质量好的定价策略，虽然市场总需求发生改变，商品的价格在短时期内不会立即变动。因此，在市场不景气的状况下，鉴于厂商维护产品声誉等因素的考虑，他们一般不会马上调低商品价格。当宏观经济步入衰退期，由于市场萧条，即使一部分厂商倒闭，其他厂商也不会轻易在市场上调整商品价格，使得虽然需求发生变化，商品在市场上的相对价格却没有发生改变，因此导致市场中出现价格粘性特征。

最后，产业关联理论指供应厂商和生产厂商之间的变动关系导致商品的实际价格存在粘性特征。随着市场逐渐完善和发展，整体市场的社会分工协作得到很大程度的发展，从而厂商的生产能力也逐渐得到提高，但是在此过程中，伴随着厂商之间的合作大幅度增加，厂商的投入产出关系也变得错综复杂。虽然在理论上，当市场需求发生变化，生产厂商产业链上的供应商也会相应地调整生产要素的价格，进而使得生产厂商的生产成本发生变化，商品价格上涨或者下跌。然而，供应厂商和生产厂商之间的相对价格比较稳定，生产厂商并不迅速调整商品价格，导致商品价格出现实际粘性。具体原因在于：一方面，生产厂商的供应商并不会随着市场需求变化迅速地对生产要素的价格进行调整，导致商品价格的变化幅度不大，商品成本和市场需求的变化相对独立；另一方面，基于厂商信誉理论，即使供应商根据市场需求变化调整生产要素的供应价格，生产厂商也会在短期内保持市场上商品价格的稳定性，而不会轻易调整商品价格。

### 3.1.2 工资粘性

新凯恩斯主义经济学研究者用工资粘性理论来解释资本主义社会的非自愿失业现象，他们认为，当社会有效需求减少，企业缩小对劳动的需求时，由于存在工资粘性现象，工资不能自动降低，因而导致失业现象的出现。工资粘性是指工资不会随着劳动力市场的供求变动进行及时、迅速地调整，因此工资的调整往往有一定的滞后性，存在的上调整容易，向下调整却很难的特征。基于新凯恩斯主义理论，出于考虑厂商和工人双方工资谈判耗费的成本和时间，以及双方的利益冲突等因素，厂商和工人都认为签订长期劳动合同可以减少调整成本，降低冲突给双方带来的损失，因此，长期劳动合同理论是解释工资出现粘性特征的理论基础。新凯恩斯主义经济学在分析工资粘性时将工资粘性区分为名义粘性和实际粘性，原因是按照工资率的调整是否完全与生活费用协议挂钩的标准，劳动合同又可以分为两类：完全指数化合同和非完全指数化合同。这两类合同存在显著的区别，完全指数化合同指工资水平的变化完全地取决于生活费用的变化，导致实际工资出现粘性；而非完全指数化合同指工资水平的变化只是部分地取决于生活费用的变化，因此此类劳动合同导致名义工资出现粘性特征。

首先，当市场需求发生变化，如果市场的行业厂商同步调整工人的工资率，工人的名义工资就不可能出现粘性特征。新凯恩斯主义经济学家认为，交错式劳动合同形式似乎更能适应非集中化经济的需要。具体原因在于，当生产厂商准备调整工人的名义工资率时，采取交错式劳动合同使得厂商了解了其他行业现行工资率的信息。由于当市场需求变化时，厂商使用交错式劳动合同能够避免市场中各行业工人的名义工资出现同时调整，进而阻碍了工资水平的快速调整，使得名义工资更具有粘性。

其次，对于实际工资粘性特征来说，隐含合同理论、效率工资理论和局内人、局外人理论构成解释实际工资出现粘性特征的基础理论。在隐含合同理论中，工人劳动的边际收益产品和隐含的净保险共同构成工人工资。于是在正常的情况下，工人的工资劳动的边际收益产品的价值不完全相等。如果工人的工资大于劳动边际收益产品，工人工资中会有一个正值的净保险额，但是当工人工资比劳动边际收益产品的价值小时，他们的工资中会得到一个负向的净保险额，通常这个负的净保险额可以被认为是厂商为了使工人获得稳定收入而支付的保险费。分析以上情形可以发现，基于隐含合同理论，厂商为工人支付了保险费，使得即使工人的工资在和边际收益产品价值不相等时，工人也能够获得稳定的收入，因此工人工资水平的变化幅度也不会很大，实际工资表现出粘性的特征。相比之下，效率工资理论从激励工人的角度解释了为什么会出现实际工资粘性特征。在效率工资理论中，一个基础的重要条件是，生产厂商支付工人工资的多少决定了工人的生产效率。在这个前提假设下，如果厂商降低工人工资，工人的劳动生产率也会相应降低，因此，厂商根据市场需求的变化降低工人工资的措施，并不能够实现降低企业成本的目的，而是导致工人的劳动生产效率降低，使厂商遭受损失。所以，为了维持工人的劳动生产率，厂商不会轻易降低工人工资，而是将其稳定在一定的水平上，因此导致工人实际工资具有粘性。在局内人、局外人理论中，局内人为了维护自己的利益，迫使厂商对局内人和原来是局外人的新工人都支付相同的报酬，往往会拒绝去培训新工人，包括与其合作。因此厂商在培训新人的过程中，会将局内人的工资维持在较高的水平上，并且不会轻易改变，以保证其较高的劳动生产效率，并主动协调局内人和局外人之间的关系，使得局内人和局外人之间相互协作，进而导致工人的实际工资出现粘性特征。

### 3.1.3 成本粘性理论

在传统管理会计理论中，模型 $y=a+bx$ 通常被用来表达成本的结构组成，以及成本与业务量之间的关系。从成本的结构可以看出，成本分为固定成本和变动成本，并且变动成本与当期业务量的变化成正比例变化，因此在理论上，无论业务量上升还是下降，成本随之变化的幅度对称的，即成本的边际变动与业务量变动的方向无关，成本随业务量变化的幅度是相同的。然而，Noreen 和 Soderstrom（1997）对成本习性模型提出质疑，在成本管理的实践中，高管的成本管理行为使得成本随业务量变化的幅度大小取决于业务量变化的方向，通常当成本在业务量上升时，成本增加的幅度要大于当业务量下降时成本减少的幅度。即当业务量变化的方向不同时，即使业务量的变化幅度相同，成本随之变化的幅度也是不相同的。Anderson、Banker 和 Janakiraman（2003）等借用经济学中“价格粘性”的概念，将成本在随着业务量上升和下降时变动幅度不对称这一现象称为成本粘性。Anderson 等（2003）的研究奠定了对成本粘性问题研究的基础，建立了成本粘性理论，主流理论包括契约观、效率观和代理观三种观点。

基于契约观理论，企业为了维持正常的经营活动，减少调整成本的支出，在交易过程中更加倾向于签订长期契约合同。一方面，签订长期契约有利于企业持续发展，有助于塑造企业的竞争能力；然而另一方面，由于长期契约具有稳定性特点，在短期内不宜发生改变，因此会对企业的经营活动起到一定的约束作用。因此，契约制度和沉没成本构成了成本粘性现象最直接的原因，契约观成为经济学中解释成本粘性特征的主流观点。同时效率观也是成本粘性特征成因的重要理论基础，由于企业在不断变化的经济环境中生存和发展，如果收入下降的情形是暂时的，一旦大幅度缩减成本会使得企业支付较多的调整成本，并且在收入上涨时增加更多的生产资源投入，因此在收入刚刚出现下降时，企业通常不会立即采取有效的成本缩减措施，因而导致成本粘性特征的形成。

契约观和效率观理论阐述了企业成本在短时间内为什么不会大幅度下降，但是并没有进一步解释当收入变化方向不同时，成本随之变化的增减幅度为什么会出现不对称性特点。因此以代理理论为基础，从高管决策行为对成本粘性特征进行分析，能够深入探究成本粘性特征的深层次成因。从高管的代理行为考虑，建立高管和股东收益共享、风险共担的代理合约有利于实现股东利益最大化目标，降低企业的风险水平。然而在公司内部治理存在缺陷、公司外部约束机制不健全的情况下，高管在个人机会主义动机的驱使下，不顾未来经济趋势和企业收入状况，不考虑企业边界的约束、自身能力以及资源的约束，过分扩大企业规模，进行过度投资，导致企业出现过高的成本增速和水平，加重成本粘性程度。因此，继契约观和效率观理论之后，代理观逐渐成为解释成本粘性特征的重要理论。

### 3.1.4 小结

成本粘性理论起源于经济学中价格粘性的概念。把当企业收入下降时，成本减少的幅度较小；而当企业收入上升时，成本增加的幅度却较大，因此成本在减少的过程中出现刚性的特征，这一现象被称为成本粘性。Anderson 等（2003）首次通过实证研究方法验证了企业存在成本费用粘性特征。此后，国内外学者针对企业的主营业务成本、销售费用与管理费用之和以及总成本进行广泛的研究，对成本费用粘性的成因问题、影响因素及其经济后果进行大量实证检验，丰富了成本粘性理论。

## 3.2　契约理论

契约理论是近年来迅速发展的经济学分支之一，新古典经济学中的契约理论是由埃奇沃斯首次提出，并且以契约曲线为基础，系统分析契约不确定性的思想。由于在市场中"看不见的手"起到配置资源的作用，交易双方达成的是一个纯粹的交换契约，经济的发展仅仅通过供求法就可以实现市场均衡。此后，广大的经济学家开始从契约或者合同的角度思考问题。在契约的制定与兑现的过程中，由于当事人用于对未来商品的或然索取权，契约双方之间的信息必须是对称的，构成契约理论中的重要假设。然而现实中，契约双方经常会出现信息不对称的问题，导致长期契约能否有效兑现受到影响。基于契约制定与兑现过程，以及制定契约的目的，契约理论可以细分为两个框架的内容：委托代理理论（完全契约理论）和不完全契约理论。在委托代理理论中，各种状态下当事人的权利和责任在契约签订之前就已经明确规定，因此制定契约的目的是如何更好地监督契约的执行情况；而在不完全契约理论中，各种状态下当事人的权责、主张并不能够在签约时就能够明确，因此契约的有效兑现还需要在契约后通过再谈判等方式来解决。委托代理理论和不完全契约理论之间虽然存在区别，但是两者之间并不能相互替代，存在相互补充的关系，共同作为公司治理研究的理论基础，构成契约理论的重要内容。如图 3.1 所示，由于假定被放松，新古典经济学逐渐演化成委托代理契约理论和不完全契约理论。

### 3.2.1　委托代理

委托代理理论也被称作完全契约理论，在此基础上，契约各方的生产、交易关系被抽象成为一种契约关系。委托代理理论中重要的假设条件是，尽管契约各方存在信息不对称等问题，由于契约的委托人是完全理性的，他能够预计到在契约兑现的过程中发生的事情，契约中包含了所有可能出现的或然状态，并且能够被顺利地强制兑现。基于以上假设，在委托代理理论中，不需要过多地考虑产权结构、权威等因素对契约兑现情况的影响，因为理性的委托人可以

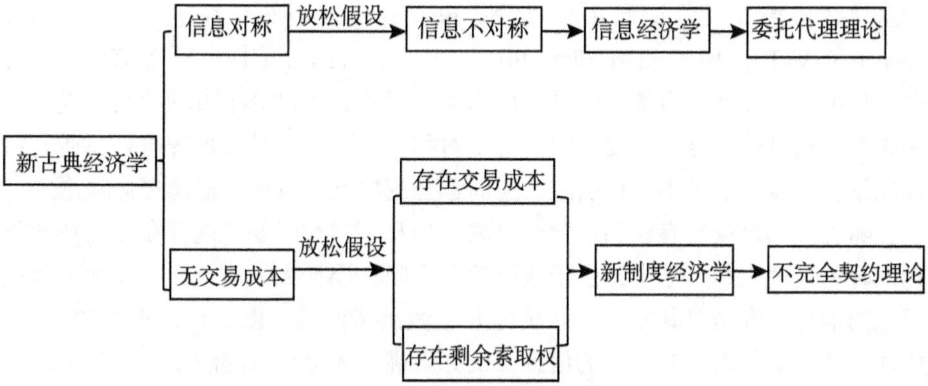


图 3.1 委托代理理论与不完全契约理论的发展过程

通过契约来实现各方的利益。因此，委托代理理论缺乏深入探讨契约的本质，并没有认识到企业是凭借产权结构、权威等因素来配置资源的特殊组织。完全契约理论以信息经济学为基础，由于信息不对称可以发生在当事人签约之前，也可以发生在签约之后。按照信息不对称发生的时间可以把委托代理理论划分为两个重要的部分：隐藏信息（逆向选择）理论和隐藏行动（道德风险）理论。

#### 3.2.1.1 逆向选择

研究事前不对称信息的理论或模型叫作逆向选择理论或者逆向选择模型，逆向选择问题的研究开始于“信息如何影响个体选择与市场运行”这一命题。Akerlof（1970）从二手车市场（柠檬市场）为切入点，在研究二手车市场中的交易过程时发现，卖主熟悉待售车辆的质量情况，而买主只知道市场上优质车辆与劣质车辆的概率，由于所有车主都说自己的车子是优质车辆，买主只能够综合估计整个市场车辆的质量，并据此支付平均质量以下的价格。在此情况下，只有持有劣质车辆的卖主才愿意进行交易，如此循环下去，优质的车辆将本淘汰出二手车市场，产生“劣驱良”现象，违背了优胜劣汰的市场原则。Akerlof（1970）的分析的过程隐含了四个基本前提：第一，市场中存在信息完全不对称的情况，卖主掌握全部的信息优势而买主只掌握部分信息，卖主是拥有信息优势的一方，但是并不具有定价权；第二，市场中不存在外部干预，买卖双方在相对封闭的市场系统中进行交易；第三，在交易的过程中买卖双方退出的机会成本足够小，因此不用考虑退出成本；第四，市场的需求富有弹性。

在此基础上，Akerlof（1970）提炼出信息不对称的概念，并发现由于不对称信息导致市场失灵的逆向选择机制。Akerlof 对二手车市场进行分析之后，Spence（1973），Rothschild 和 Stglitz（1976），Wilson（1977）等多位学者，以保险市场、劳动力市场与金融市场为研究对象，通过对于市场的运行以及个体决策的选择进行分析，发现在信息不对称情况下，交易市场普遍存在逆向选择现象，此后，信息不对称引致的逆向选择现象逐渐发展为逆向选择理论。

随着现代企业所有权和经营权分离，信息不对称问题普遍存在。在契约委托人聘用代理人的过程中，由于获取信息有限，委托人无法全面、准确了解代理人的信息，容易对其能力、品质等方面做出错误的判断。然而在签约之前，代理人拥有委托人尚未获知的信息，例如，高管人员故意隐瞒了一些失败的经历，片面夸大自己的管理才能等，基于机会主义动机，代理人因此会利用信息优势签订有利于自己的契约。由于部分劣质代理人存在隐瞒机会主义行为，委托人无法准确衡量代理人的素质和能力，签约后企业的经营效率不能得到有效改善，股东遭受损失。因此在信息不对称情形下，经理人市场容易被某些劣质代理人侵占，契约委托人无法准确识别优秀的代理人，无法建立其工作业绩与努力程度之间的关系，经理人市场的运行效率被降低。正如 Rothschild 和 Stiglitz（1976）指出，由于签约过程中存在信息不对称等问题，契约委托人与代理人之间的逆向选择行为会降低市场的交易效率，甚至会导致交易市场出现无法交易的现象。

在逆向选择理论中，核心问题是如何通过对代理人能力、品质的准确判断来减少代理成本，因此为了减少逆向选择行为的发生，提高交易市场的运营效率，交易过程中的信息不对称现象必须得到有效缓解。信号传递法和信息甄别法作为增强契约双方信息流通的方法，有助于解决交易市场中出现逆向选择的问题。首先，信号传递法是指在市场交易过程中，信息优势方通过增加自己的表现和行动，进而向信息劣势方传递其能力和品质方面的信息；其次，信号甄别法是指为了缓解交易双方存在的信息不对称问题，信息优势方向劣势方提供多种可供选择的方案，信息劣势方通过对不同方案进行选择和评价，增加双方相关信息的获取量。

#### 3.2.1.2 道德风险

道德风险理论是指交易契约签订之后，由于存在信息不对称，委托人不能有效监督代理人的行为，为了实现自身效用最大化，代理人在经营活动中会做出对委托人不利的举措。道德风险理论中重要的假设条件是在市场存在信息不对称问题，道德风险行为的本质上属于一个契约问题，是指在交易契约签订之后，委托人与代理人之间进行的博弈。具体体现在，签订交易契约之前，契约双方对于现实环境都有一定的掌握，然而契约签订之后，委托人并不能有有效地监督代理人的经营行为，无法将企业绩效水平、经营效率与代理人的努力程度进行匹配，因此委托人和代理人之间出现道德风险的问题。

在现代企业中，股权融资等行为使得企业的所有权与经营权分离，由于缺乏有效的监督机制，容易引发经营者的道德风险问题，增加了股东与经营者之间的代理矛盾。具体原因在于，首先，经营者并不拥有企业的剩余索取权，其个人利益目标与股东的利益目标并不完全一；其次，信息不对称性使得股东对经营者的努力程度无法有效监督；最后，股东制定的经营者薪酬契约具有不完备性，在经营环境变化或者监督措施较弱的情形下，薪酬契约会转化为代理成本的一部分。基于以上分析，经营者的具体表现可能会包括非经营性消费较高，企业绩效水平较低，企业的投资不足或过度投资行为等。为了实现个人的效用最大化，经营者以增加任期间个人收益为目标，甚至不惜牺牲企业和股东的长远利益，这种短期化经营决策行为将会降低企业价值。因此基于信息不对称，虽然委托人在签订契约时了解代理人的能力和品质，在契约签订之后，却不能准确、有效监督到代理人的经营行为。为了减少代理人在经营过程中出现道德风险行为，较好的办法是设计出客观、合理的激励契约，使得代理人和委托人利益目标一致，缓解契约双方的代理矛盾。

基于以上分析，鉴于交易契约的制定和兑现过程中存在信息不对称情况，产生逆向选择和道德风险问题。然而委托代理理论认为，即使存在信息不对称，契约仍然是完全和有效的。具体原因在于：首先，契约的各位利益相关者总能根预计到未来出现的各种状况，并且明确指定出契约各方的相关责任，进而降低信息不对称程度，减少契约各方发生机会主义行为。其次，在制定和兑现契约的过程中，契约各方通过信息传递机制可以尽可能减少逆向选择问题，同时，建立客观、合理的激励机制也有助于缓解代理人出现道德风险等问题，因此企业中的契约关系本质上是完美、有效的。

### 3.2.2 交易成本

委托代理理论假设当事人是完全理性的，能够遇预见所有的情况，解决契约双方的机会主义行为。但是由于现实生活中，契约交易双方不可能预见所有状况，也不可能把所有可能发生的事项补充在契约条款中，同时交易的过程中是存在交易成本的。由于委托代理理论认为企业中的契约关系并不需要考虑交易成本、产权、权威等因素，因此企业中完美、有效的契约关系受到许多经济学家的诟病与抨击。此后，广大经济学家针对长期契约问题进行深入研究，深入研究完美市场之外的契约问题（Alchian and Demsetz；1972；Jensen and Meckling，1976；Ross，1973；Mirrlees，1974；Hart and Holmstrom，1987；Holmstrom，1979；Grossman and Hart，1983），并且把这个理论被称为不完全契约理论。在委托代理理论中，契约各方存在信息不对称是重要的假定条件，并由此引发委托人与代理人发生逆向选择与道德风险问题。然而在不完全契约理论中，信息不对称问题被回避，人们更加关注契约双方能达成共识的信息。由于这种信息在经济环境中可以被观察但是无法被第三方证实，因此不能作为契约中的显性组成部分。不完全契约理论是对委托代理理论的衍生探索，并在此基础上形成两个方向的分支：以威廉姆斯为代表的交易费用经济学派、以格罗斯曼和哈特为代表的产权理论学派，继而形成交易成本理论和产权理论两个重要的理论。这两个理论是不完全契约理论中的重要组成部分，都是以交易成本最小作为效率评价标准，但是，两个理论也存在显著的区别。具体来说，由于契约关系在交易成本理论中转化为各种公司治理机制，因此交易成本理论更加强调契约兑现过程中，交易主体对经济环境的应对措施；而产权理论则更加重视契约兑现的过程中，各项权利的配置效率及其经济后果。

科斯1937年发表的《企业的本质》开启了契约理论研究的先河，他首次将企业理解为一种不同于标准的市场交易契约，试图分析企业的起源、性质和生产纵向一体化，将交易费用概念引入经济分析，奠定了现代西方产权理论的基础，使得理论界认识到企业交易是由摩擦和成本的，即存在交易费用。由于科斯并没有对交易成本的含义进行深入分析，在他提出交易成本概念的基础之后，广大经济学对交易成本的相关问题深入地展开研究。

首先，虽然康芒斯提出的交易的概念，从运用交易成本为工具进行经济分析的角度讲，科斯是交易成本理论的开创者。科斯认为交易成本是利用价格机制所形成的成本，并且企业内部的交易契约和市场上的交易契约一样，都存在交易成本。阿罗的学生威廉姆森继承了老师的衣钵，他认为产权因素是导致市场交易中出现交易成本的重要因素，在经济制度影响之下，企业的产权关系不清晰，使得交易过程中产生的摩擦成本增加，进而导致交易成本增加，因而交易成本也可以被称为是维持经济系统运转所需要支付的代价。威廉姆森用“经济世界中的摩擦力”来形容交易成本的本质，更加深刻地理解了交易成本的内涵。

其次，科斯最早提出了交易成本的概念，他认为基于交易的特点，交易成本是由三个部分组成的，首先，在进行市场交易时，交易价格往往是不确定的，如果要获得未知的信息，信息搜集者就必须付出代价，因此发现相对价格的成本是交易成本中的一部分。其次，在进行交易的过程中，契约的制定和兑现都需要支付成本，同时交易各方利益相关者也可能会发生摩擦，比如进行讨价还价、发生纠纷等情况，因此谈判、签约、特殊事项都会花费一定的成本，构成交易成本的一部分。最后，依据科斯的观点，签订长期有助于节省调整成本，促进企业持续发展，然而另一方面，企业动态的市场环境中发展，签订长期契约会使得企业抵御风险的能力减弱，在经济环境发生波动时，遭受较大的损失，因此对未来预期所花费的成本也是交易成本中不可缺少的一部分。

1985年，威廉姆森在《资本主义经济制度》中根据交易发生的具体过程，把交易成本区分为事前交易成本和事后交易成本。在契约签订之前，基于对未来不确定事项的考虑，契约各方利益相关者需要明确各方的权利、责任和义务，由此所发生的支出形成了事前交易成本。而在交易契约签订之后，为了保证契约有效兑现，会有监督成本支出，同时，利益相关方发生的摩擦、讨价还价等行为也会使得契约兑现的成本增加，形成事后交易成本。在研究契约问题的时候，学者往往更加关注事后交易成本的影响，然而事前交易成本和事后交易成本是在契约制定和兑现的不同时间段发生的，它们之间存在相互关联、相互影响的关系，都是交易成本中的重要内容。进一步，基于交易过程中交易者、交易事项以及交易环境的特点，威廉姆森分析了交易成本的决定因素，并从交易者、特定交易以及市场环境三个方面展开进行研究，认为交易者的有限理性行为和机会主义行为、决定交易性质的资产专用性、不确定性以及频率、市场中潜在的交易对手都是影响交易成本的重要因素。

## 3.3 产权理论

科斯1937年发表的文章《企业的本质》提出了交易成本的概念，同时打开了企业内部组织关系及其所有参与人员利益协调和分配关系的黑箱。1960年，科斯的另一篇得奖论文《社会成本问题》在《法学与经济学》杂志上发表，他运用产权理论理解企业外部性问题。科斯认为，由于市场外部性问题具有相互性特征，利用政府干预的方式并不能够解决外部性问题。由于产权没有界定清晰，外部性的产生并不是市场制度的必然结果，而有效的产权可以实现外部性问题的内部化，即当交易费用为零时，只要产权是清晰的，市场机制总是能够实现资源的帕累托最优配置，社会成本为零。科斯发表的两篇论文，对正统微观经济学进行了批判和思考，成为产权理论研究的主要工具和逻辑主线。20世纪80年代末期，正值国际垄断资本在全球推进私有化浪潮，科斯的理论被包装成科斯“第一定理”“第二定理”进行推广，由于科斯产权理论正好迎合了西方资本主义国家的这一政策需求，科斯定理获得诺贝尔经济学奖，引起了世界的关注。

科斯在《企业的性质》和《社会成本问题》两篇论文中，对交易成本和产权的基本观点进行了详细的阐述，具体可以归纳出以下几点：首先，由于在市场上存在交易成本，交易者进行交易行为时会有支出，而企业本质上减少了这种交易成本，实现了资源的有效配置。其次，作为科斯理论的核心内容，产权明晰是决定企业绩效水平高低的关键或决定因素。在企业产权性质明晰的情况下，市场机制能够较好地发挥作用，运用谈判等形式就能够解决交易过程中出现的各种问题，使得市场的资源配置效率更高，实现社会总效率最大化。最后，基于考虑在产权公共化的情况下，契约相关利益方会出现责任不明、懈怠等情况，并导致交易过程中出现摩擦成本增加、市场效率迟缓等后果，科斯主张实现产权私有化的措施，有助于进一步明晰产权性质，明确契约各方的权利、责任和义务，为契约的有效兑现提供保障，值得提出的时，由于科斯的研究对象是资本主义私有制下的经济运行系统，科斯认为实现产权私有化是提高交易效率和资源配置效率的重要措施。

基于科斯理论，张五常（2001）从交易成本的角度分析了企业的性质，认为企业存在的本质是用一种契约来替代和安排另外一种契约的过程。随后，巴泽尔（2002）以契约为产权研究的核心，从公共领域这个重要范畴探讨企业组织的性质，认为为了减少公共财产在交易过程中出现问题，利用治理机制和控制措施进行有效改善市场环境成为企业生存和发展的重要目的，而多种资源的集合被称作组织。之后，以阿尔奇安和德姆塞茨为代表的学者，在探讨企业与市场关系的基础上，深入研究企业的内部产权结构，并提出由于剩余控制权决定剩余索取权，只有对产权结构进行有效安排，才能保证企业生产目标的顺利实现。此后，与剩余控制权相关的理论成为新产权理论的重要内容。哈特认为，虽然交易成本理论对企业存在的本质进行了阐述，市场上存在的企业边界问题仍然无法被解释。于是他从剩余控制权优化配置的视角，对于企业的性质进行了深入的分析。企业不仅仅拥有和控制物质类的生产资源，人力资产对企业生产目标的顺利实现起着重要的作用，因此企业是集中物质资源和人力资产的组织。为了实现剩余总量最大化，企业应该选择一种最优的所有权或者说是剩余控制权来激励和约束企业人力资源，进而建立了企业产权理论的一般分析框架。

## 3.4 有效市场理论

由于股票价格的变动是由于投资者的预期形成的，信息作为影响投资者决策的重要因素，使得股票价格处于不断波动的状态中。在证券市场中，如果当前的证券价格能够完全反映市场中潜在和现有的信息，股票的价格与投资者对其的投资价值相等，并且市场中不存在获取超额利润的现象，我们可以说证券市场是有效的。早期有关证券价格变化规律的研究是形成有效市场理论（EMH）的重要基础。美国著名财务学家 Fama（1970）在“随机游走”理论的基础上，对证券价格的时间序列特征进行分析，提出了有效市场假说，为研究有效性市场提供了理论框架。在 Fama 的研究中，信息与证券价格之间的关系、不同的信息类型对证券价格的影响是研究的重点。研究结果表明，由于信息类型不同，信息对证券价格会形成不同的影响程度。具体来说，历史信息、公开信息和内部信息对证券价格的影响是有差异的；同时，根据信息对证券价格的影响，市场的有效性从弱势到强势可以分为弱势有效市场、半强势有效市场和强势有效市场三个层次。

有效性假说提出后，许多学者进行了大量的实证研究（Lo and Mackinlay，1988；Peter，1989；Brock et al.，1991），把一个描述性的定义进行了公式化和模型化，使假说逐渐理论化，最终发展成为规范的有效市场理论体系。有效市场理论不仅仅揭示了信息对股票价格的影响，还深入研究了证券市场的有效性程度，因此成为金融经济学重要的理论基石。之后，广大学者对于市场有效性的具体内涵进行了大量的实证检验，使得人们对有效市场理论有更加深入的认识。有效市场理论对于证券市场的发展起到了良好的促进作用，同时有助于发现财务分析师在资本市场中发挥的信息中介效应。具体体现在，财务分析师通过访谈、实地调研等多种渠道，不断获取上市公司的公开信息与私人信息，经过深入研究，把分析结果以研究报告的形式公开提供给投资者和企业的利益相关者，为企业未来的盈余状况提供预测依据，为资本市场资产定价提供信息。

## 3.5 小结

粘性理论、契约理论和有效市场理论都是研究成本粘性问题的重要理论基础。其中，粘性理论是成本粘性理论的起源，而契约理论、有效市场理论则成为研究成本粘性问题的形成、影响因素以及给资本市场的投资者决策带来的经济后果的重要理论依据。

首先，粘性理论是成本粘性问题形成的基础理论。对于不同行业的企业来说，主营业务收入和成本的构成不同，经营的环境也不相同，这些因素都不可避免地造成不同行业的企业在成本粘性程度上存在差异。由于制造类企业成本占收入比重较大，成本粘性特征更加有可能出现在制造类企业中。同时，资产的密集度和专用性是企业资产的重要特征，一方面，资产密集度和专用性体现了企业在市场上的定位，是企业核心竞争力的体现；另一方面，由于资产投入量较大，在经营环境发生变化时，资产使用主体和用途的改变带来的资产价值的减损将给企业带来损失，因此在制造类行业或是资本密集度较高、专用性程度强的企业中，为了节省调整成本，长期契约被广泛应用，当宏观经济周期发生波动时，长期契约的签订会使成本缺乏向下的弹性，使得企业在短期内无法及时有效地削减约束性成本，成本粘性程度加重。

其次，契约理论中的委托代理理论是成本粘性问题形成的基础理论。Jensen和Meckling（1976）在代理理论中指出，管理者与股东双方都在追求自身效用最大化，虽然薪酬契约使得高管与股东之间存在风险共担、盈利共享的合作关系，然而高管不拥有企业的剩余索取权，因此高管和股东都在追求自身利益最大化，他们之间还存在利益冲突。基于个人利益最大化目标，高管在日常经营过程中往往存在个人帝国建造动机，增加自身在地位、权力和名誉等方面的私利。所谓个人帝国建造动机是指，高管倾向于扩大企业正常的规模或者维持产能较低的资源，从中获取名誉、薪酬方面的个人利益。在此动机之下，高管在企业资源配置和日常成本投入方面，会利用过度投资等行为来扩大企业规模，或者维持利用率较低的资源使得企业产能处于较高水平，在缺乏考虑未来经济趋势和企业收入状况的情况下，通过操纵成本费用粘性来扩大或保持企业的规模，使得企业的资源配置水平偏离最优状态。由于在盲目扩张时，高管并未考虑投资有效性以及资产的运用效果，企业的成本大幅度快速虚增，成本粘性程度较高，严重影响企业运营效率，形成潜在的经营风险。

最后，有效市场理论是研究投资者决策行为的基础理论。根据有效市场理论，半强势有效和强势的资本市场都可以吸收影响上市公司股价波动的信息，使得上市公司披露的公共信息和私有信息在股价中充分体现。基于现有研究成果，企业的利润可以用本量利模型进行计算，一方面，利润中包含了成本信息，另一方面，成本的特征是盈余信息形成的基础，并有助于对企业未来盈余进行预测。对于财务分析师来说，企业盈余信息披露和信息披露环境对其盈余预测的准确程度具有重要的影响，由于成本粘性特征综合反映了企业遭受的经济风险和经营风险，使得企业的盈余波动性增大，成本粘性特征在财务分析师盈余预测的过程中会形成干扰作用，对于投资者的决策行为以及资源配置都会产生一定的影响。由于成本特征能够解释财务分析师大部分的盈余预测信息（Banker et al.，2010），企业的成本特性及其导致的风险在财务分析师进行盈余预测的过程中也发挥着重要的作用，成本粘性特征作为体现企业风险的会计信息，对于投资者的决策行为形成影响。

# 第4章　代理问题、公司治理与制造业企业成本粘性

## 4.1　引言

成本是企业资源配置、资产运用及消耗的结果，制造类企业中的生产资源按照预计业务量来配置，各种资源的投入与预计的业务量是互相匹配的。但是随着宏观经济周期波动，当业务量下降时，由于资产存在专用性特征，企业在短期内无法及时有效地削减约束性成本；同时，高管维护个人私利等机会主义动机也使酌量性成本具有“刚性”特点，导致成本下降的幅度小于业务量下降的幅度，使成本变动与收入变动呈现出非对称性状态，形成成本的粘性特征。

国内现有文献集中研究了企业的经济特征、行业特征等客观因素对成本粘性程度的影响等问题。理论上，“契约观”是解释成本粘性现象的主流观点。持续经营的企业在交易过程中往往会签订长期契约，用来维持企业日常经营活动的正常进行，因此长期契约的签订对公司的经营活动会产生约束作用，并且在签订后通常不会被轻易改变。由此，契约制度和沉没成本构成了成本粘性现象最直接的原因。但是值得考虑的是，契约理论阐述了企业成本在短时间内为什么不会下降，并没有解释成本的增减幅度与业务量的增减幅度所出现的不对称性（孙铮，2004）。

从“代理观”考虑，当所有权和经营权分离之后，高管成为决策者和价值创造者。然而在公司内部治理存在缺陷、公司外部约束机制不健全的情况下，高管在企业决策权、监督权和执行权方面的能力会随着其任期的增长逐渐变大（李培功等，2012；卢锐，2008），这些权力不仅会影响高管自身薪酬契约的签订，而且使高管在决策过程中的个人意愿增强，影响企业的资源配置效率，即高管在决策中不顾股东的利益追求个人利益的最大化。因此，在股东与高管之间代理问题较为严重的企业中，高管出于个人动机往往不考虑投入产出

比例而大量消耗资源，利用扩大企业规模或增加管理成本等行为来营造企业帝国，导致成本水平大幅上升。一旦企业遭遇经济风险，营业收入下滑，资产专用化、部分支出被固化等原因使得过高的成本水平难以随业务量减少而成比例下降，高昂的成本使企业的经营风险无限放大，绩效迅速降低，企业的生存和发展受到威胁，股东利益遭受巨大损失。近年来，我国工程机械制造业、造船业、钢铁行业、水泥建材业、汽车制造业等行业纷纷出现此类危机。因此在成本管理实践中，针对我国上市公司治理环境不够完善的特点，探究成本粘性问题深层次的成因并采取措施降低成本粘性程度是减轻企业风险、维护股东利益的有益行为。

根据以上分析，本书提出以下问题，在控制企业的经济特征和宏观经济周期因素之后，代理问题对成本粘性程度有影响吗？进一步，在不同的治理环境和企业发展阶段中，成本粘性问题的成因和程度是否相同呢？基于这些问题，本书用 425 家 A 股制造类企业在 2005—2011 年之间的财务数据来检验代理问题对成本粘性程度的影响，以及有效的公司治理机制对成本粘性问题的缓解作用。研究贡献在于，第一，我国学者对企业成本粘性的研究多限于证实上市公司存在成本费用粘性特征，发现宏观经济因素、行业以及企业自身特征属性对成本费用粘性程度的影响。本章通过实证研究证明，除企业自身经济特征和宏观经济周期因素之外，股东与高管之间的代理问题同样是加重成本粘性程度的重要原因，拓宽了成本粘性问题的研究视野。第二，以代理理论为基础，按照上市公司处在不同的治理环境与发展阶段进行分组检验，为区分宏观经济因素、企业自身经济特征等基本因素和代理因素对成本粘性程度形成不同程度的影响提供证据，为说明代理问题加重上市公司的成本粘性程度提供直接的依据。并以此为基础为降低成本粘性程度、提高企业效率提供合理建议。

## 4.2 理论分析与假设提出

### 4.2.1 成本粘性及其基本影响因素

Anderson、Banker 和 Janakiraman（2003）以美国公众公司的销售费用、一般费用和管理费用（SG&A）为研究对象，首次通过大样本的实证方法证实了美国公众公司存在费用粘性现象，奠定了对成本粘性问题研究的基础。Chandra 等（2003）在 Anderson 等（2003）的研究基础上将销售成本加入销售费用、一般费用和管理费用中，对全样本进行检测后发现，销管费用、销售成本以及总成本都出现粘性特征。随后，Calleja 等（2006）在对比美、英、德、法四国的成本粘性的差异时主要考虑了资本密集度、劳动力密集度、负债比率、运营资本率和净资产收益率等五个方面的影响，研究发现只有资本密集度和劳动力密集度两个因素对成本粘性程度有显著影响。

国内学者对成本粘性问题的研究起步较晚。孙铮和刘浩（2004）通过对 292 家公司 1994—2001 年的数据进行分析后发现，当销售收入增长 1% 时，费用增长 0.5597%；当销售收入减少 1%时，费用只降低 0.057%，证明我国上市公司存在费用成本粘性。孔玉生和朱乃平等（2007）对我国 A 股上市公司的营业收入和成本数据进行测试后发现，当营业收入增加幅度是 1%时，营业成本增加幅度是 1.0375%；而当营业收入减少 1%时，营业成本减少的幅度只有 0.909%，证明我国上市公司存在成本粘性现象，并且时间范围、行业属性、公司属性、资本密集度、劳动密集度以及业务量的变化幅度对成本粘性程度有显著影响。刘彦文和王玉刚（2009）验证了宏观经济增长、资本密集程度和历史费用三个因素对我国上市公司费用粘性的影响，并且发现时期的延长对各行业的费用粘性行为具有不同的影响。

### 4.2.2　代理问题与成本粘性

1976 年，Jensen 和 Meckling 在代理理论中指出，管理者与股东双方都在追求自身利益最大化，他们之间存在既相互合作又充满利益冲突的关系。在代理问题中，高管的个人帝国建造动机是严重影响高管代理行为和企业经营效率的重要因素，高管倾向于扩大企业正常的规模或者维持产能较低的资源以获得地位、薪酬、名誉方面个人的效用最大化。这种个人动机会使高管在追求个人利益的时候不顾未来经济趋势和企业收入状况，不考虑企业边界的约束、自身能力以及资源的约束，过分扩大企业规模，进行过度投资，导致企业出现过高的成本增速和水平，加重成本粘性程度。因此，在企业资源配置和日常成本投入方面，高管和股东不同的利益目标导致高管有动机通过对成本费用进行操纵来扩大或保持企业规模，使其偏离企业的最优资源配置水平。具体体现在以下方面：

第一，高管有积极扩大企业规模的动机。Williamson（1963）在研究中发现，高管通过雇佣超额员工等措施来实现其扩大企业规模的机会主义行为。之后，学者除了研究高管操纵销管费用的机会主义行为之外，更多集中研究高管利用并购等决策来扩大或维持企业规模（Titman et al.，2004；Dittmar et al.，2007；Masulis et al.，2007）。管理者存在机会主义动机，通常利用扩大企业规模和增加管理成本等行为来营造个人帝国，实现其自身地位、权力和名誉等方面的私利（Masulis，2007）。Chen 等（2008）也指出成本粘性与管理者个人帝国建造动机有关。在个人动机的驱使下，为了增加个人地位、权利和名誉等私利，往往过度扩大企业规模，或者过多保留对企业生产没有用处的资源，导致企业增长超过最优状态（Masulis，2007；Jensen，1986；Stulz，1990；Hope，2008），使企业的规模和资源都处于最大化（江伟和胡玉明，2011）。

第二，高管缺少缩减企业规模的动机。这是因为：首先，高管能够从大规模企业或组织机构更为复杂的企业中会获得更多货币性或非货币性利益；其次，如果高管按照绩效水平合理缩小企业规模，那么他们所获得的好处远远小于缩减成本费用给股东带来的利益，正如 Anderson（2003）等指出，管理者保留企业中未被利用的资源是出于自身的考虑，以实现个人效用最大化；最后，出于“偷懒”的原因，高管在日常经营活动中会尽量避免缩减企业规模等决策活动（Bertrand，2003；Datta，2010）。因此，当企业的营业收入上升时，高管往往会投入过多的资源；而当营业收入下降时，他们却过少地减少企业的资源（江伟和胡玉明，2011），导致企业成本水平偏离资源配置的最佳水平，成本粘性程度被加重。

基于以上分析我们认为，除了宏观经济波动、企业自身的行业特征、资产密集度等基本因素之外，股东与高管之间的代理问题是导致企业成本偏离资源配置最佳水平、加重成本粘性程度的重要原因。因此，本章以 CEO 作为高管代表，在现有文献基础上选择 CEO 既有任期、CEO 更替、CEO 基本薪酬和企业的自由现金流水平四个替代变量来推导代理问题影响 CEO 机会主义动机，并导致成本粘性程度加重的五个假设。

（1）CEO 既有任期与成本粘性。CEO 既有任期是体现 CEO 和股东之间代理冲突的重要因素。依据高管权力理论，当公司内部治理存在缺陷、公司外部约束机制不健全的情况下，高管在企业决策权、监督权和执行权方面的能力会随着任期的增长逐渐变大（李培功等，2012；卢锐，2008），这些权力往往会使高管在决策过程中的个人意愿增强。Hill 和 Phan（1991）指出，随着 CEO 既有任期增长，CEO 会不断巩固自身地位，通过建立防御来形成权力联盟，并对董事会和其他内部监管机构形成较强的控制力；同时，CEO 有更强的动机和权力去影响自身薪酬契约的签订，增强自身薪酬和企业规模之间的正相关关系。因此，较长的任期会使高管的权力过大，高管以牺牲股东利益为代价进行多元化投资的机会增加，他们通过盲目扩大企业规模、增加投资等举措获得更多的非货币性利益，却导致在收入不变或减少的情况下企业成本大幅上升。

低效率的资源配置并没有给企业带来稳定的现金流入，在面临经济风险时，企业收入水平下降，但是高昂的成本无法得到及时调整，成本粘性程度加重。基于以上分析，预测：CEO 既有任期越长，增加自身名誉、权利和薪酬等机会主义行为越多，企业的成本粘性程度越高。本章提出：

**假设 H1a**：随着 CEO 既有任期增长，企业的成本粘性程度加重。

（2）CEO 更替与成本粘性。在有关高管预期任期问题的研究中，学者有着不同的观点。Rose 和 Shepard（1997）指出：在企业的代理关系中，管理者的个人帝国建造机会主义动机是通过扩大企业的规模来获得更大的权力、更高的声誉和报酬，而管理者期望得到的权力，名誉和报酬等欲望会随着管理者未来在企业中任期时间的长短而变化。正如 Dechow 和 Sloan（1991）经过研究发现，CEO 在离职前会减少对研发支出的投入。然而李培功和肖珉（2012）指出，高管在面临离任时也会导致高管出现短视倾向或寻求自我补偿的机会主义行为，即通过扩张企业规模来实现权力寻租。然而，国有企业高管在离职前会面临国有资产保值等指标的离任考核和政府干预之下的升迁体系，他们在临近离职时通常会大大降低企业的投资规模，严格控制企业成本，以求得到较好的企业绩效，其离职时的个人机会主义动机也可能会减弱。基于以上分析，预测：当企业临近 CEO 更替时，CEO 的机会主义动机和行为可能会增加，也可能会减弱，进而影响成本粘性程度。本章提出对立假设：

**假设 H1b**：临近 CEO 更替的年度时，成本粘性程度加重。

**假设 H1c**：临近 CEO 更替的年度时，成本粘性程度减弱。

（3）CEO 薪酬结构与成本粘性。为了缓解股东和管理者之间的代理问题，股东通常通过薪酬计划来激励高管在经营活动中以股东利益最大化为目标。但是由于薪酬契约具有“刚性”的特点，当高管面临风险或当他们的付出与收益不相匹配时，其机会主义行为就会出现。Kannianen（2000）在研究中发现：作为风险的规避者，当管理者薪酬计划中固定薪酬部分增加或不变，他们的机会主义行为会减少；如果管理者薪酬计划中固定薪酬部分减少，随着他们承担的风险增加，管理者会利用过度投资等行为来获得个人利益，以补偿薪酬减少的部分。Banker 等（2011）的研究也表明，管理者签订的薪酬契约计划使管理者有动机去扩大企业规模，增加投资建造个人帝国，实现自身利益。因此，高管薪酬计划中固定薪酬部分的变动会影响高管机会主义动机和行为，从而对成本粘性程度产生影响。由此，本章提出：

**假设 H1d**：随着 CEO 薪酬结构中固定薪酬部分减少，企业的成本粘性程度加重。

(4) 企业自由现金流水平与成本粘性。企业的自由现金流是指企业在会计年度内支付所有现金成本后剩余的现金，它是反映企业内部代理问题的重要指标，也是影响管理者机会主义行为的重要因素。企业自由现金流水平增加会加重股东与高管之间的代理问题，增加企业的代理成本（刘银国，2012）。在拥有大量自由现金流的企业内，高管往往不以企业和股东的利益为重，拒绝给股东分红，甚至会选择 NPV 为负的投资项目来满足个人利益的实现（李云鹤、李湛，2012），企业过度投资、低效收购和高管自身的在职消费行为显著增加（刘银国，2012）。因此，推测：企业自由现金流水平增加使企业中的代理矛盾恶化，导致高管个人机会主义行为增加，从而加重成本粘性程度。本章提出：

**假设 H1e**：随着企业自由现金流水平增加，成本粘性程度加重。

### 4.2.3 公司治理、代理问题与企业成本粘性

公司治理约束高管的机会主义行为，有助于缓解代理矛盾，并且显著影响企业的短期绩效水平（刘银国，2012）。大量经验证据表明，增加大股东持股比例有利于对高管代理行为进行监督，董事会的独立性和企业业绩之间呈现显著的正相关关系，且和财务欺诈及盈余管理之间呈现显著的负相关关系（Dechow et al.，1996；Core，Holthausen，and Larcker，1999；Klein，2002）。在公司外部治理机制中，机构投资者能够比小股东更好地监督高管行为，当董事会独立性强、机构投资者持股比例高时，高管会在企业绩效降低时及时调整企业规模（Bethel and Liebeskind，1993；Perry and Shivdasani，2005）。基于此，本章选择机构投资者持股比例、董事会规模、独立董事所占比例、CEO 是否兼职董事长以及大股东持股比例五个变量作为衡量公司治理环境的代理变量，并预测如果代理问题能够显著加重企业的成本粘性程度，那么在较强的公司治理环境中，企业成本变动的粘性程度偏离成本最优配置的幅度更小，即较强的公司治理环境必然能够显著降低企业成本粘性程度。本章提出：

**假设 H2**：在较强的公司治理环境中，代理问题对成本粘性程度的强化作用会显著减弱。

## 4.3 研究设计

### 4.3.1 样本与数据来源

中国证监会在 2005 年发布的《年报披露格式和内容修订稿》中明确规

定：上市公司年报应披露每一位现任董事、监事和高级管理人员在报告期内从公司获得的报酬总额（包括基本工资、各项奖金、福利、补贴、住房津贴及其他津贴等），全体董事、监事和高级管理人员的报酬合计，以及报酬取得的决策程序和报酬确定的依据。因此，本章基于对 CEO 基本薪酬数据的需要，选取了 A 股市场中 2003 年以前上市的制造类企业作为样本，并且手工搜集了 2005—2011 年 CEO 的基本薪酬、既有任期以及 CEO 更替等数据。为了使选取的样本具有一般性的意义，本章剔除了 ST、PT 类的样本企业以及在样本期间更换行业的企业，最终得到 425 家企业的数据。本章其他数据来自国泰安数据库和巨潮资讯网。

### 4.3.2　变量设定

（1）营业收入。本年度主营业务收入来替代企业收入。

（2）营业总成本。本年度营业成本、营业税金及附加和销管费用之和。

（3）营业成本。本年度营业成本、营业税金及附加之和。

（4）销管费用。本年度销售费用和管理费用之和来替代。

（5）DecDummy 变量。企业本期营业收入小于上期营业收入，则用 1 替代；否则取 0。

（6）AgencyVar 变量。本章在模型中用 AgencyVar 变量综合代表企业的代理问题，包括 CEO 既有任期、CEO 更替、CEO 基本薪酬和企业自由现金流四个变量。

（7）EconVar 变量。EconVar 变量是综合控制变量，包括三个代表企业经济特征的变量：资产密集度、连续两期营业收入变化和股票收益率。

（8）宏观经济变量。本章按照 2005—2011 年 GDP 增长率的中位数把经济周期分为繁荣期与衰退期，大于中位数时取 1；否则取 0。

（9）公司治理变量。本章选择外部投资者持股比例、CEO 兼职、董事会规模、独立董事比例和第一大股东持股比例五个变量作为公司治理变量。

具体变量设定如表 4.1 所示。

表 4.1　**变量说明表**

| 变量符号 | 变量名称 | 变量说明 |
|---|---|---|
| REV | 营业收入 | 本年度营业收入 |
| COST | 总成本 | 本年度营业成本、营业税金及附加和销管费用之和 |

续表

| 变量符号 | 变量名称 | 变量说明 |
| --- | --- | --- |
| COGS | 营业成本 | 本年度营业成本、营业税金及附加之和 |
| SGA | 销管费用 | 本年度销售费用和管理费用之和 |
| DecDummy | 本期营业收入变化 | 虚拟变量，当 $t$ 年度的营业收入比 $t-1$ 年度增加时取 0，否则取 1 |
| AgencyVar 变量 | | |
| TENU | CEO 任期 | 截至本年度 CEO 已任职年数 |
| CHEN | CEO 更替 | 虚拟变量，当本年度 CEO 已经离职或将近更换时取 1，否则取 0 |
| COMP | CEO 薪酬结构 | 本年度 CEO 薪酬计划中的基本薪酬部分 |
| FCF | 企业自由现金流 | (本年度净利润+本年度利息费用+本年度非现金支出) -本年度营运资本追加-本年度资本性支出 |
| EconVar 变量 | | |
| DASSE | 资产密集度 | 本年度总资产/本年度主营业务收入 |
| SCDE | 连续两期营业收入变化 | $t-2$ 年度至 $t$ 年度的营业收入连续下降，取 1；否则取 0 |
| RET | 股票收益率 | (每股股息+期末股票市价-期初股票市价) /每股市价 |
| 宏观经济变量 | | |
| GDP | 经济周期 | 虚拟变量，按照 2005—2011 年 GDP 增长率的中位数把经济周期分为繁荣期与衰退期，大于中位数时取 1，否则取 0 |
| 公司治理变量 | | |
| IH | 机构投资者持股比例 | (政府年底持股数+金融机构年底持股数+公司法人年底持股数+外国机构年底持股数+信托基金年底持股数+ 其他法人年底持股数) /年底流通在外股数 |
| DUAL | CEO 兼职 | 虚拟变量，当 CEO 兼任本公司董事长职位时取 1，否则取 0 |
| BOARD | 董事会规模 | 当年董事会人数 |
| IND | 独立董事比例 | 当年董事会中聘请独立董事的人数占董事会人数比例 |
| FIRST | 第一大股东持股比例 | 第一大股东持股比例 |

### 4.3.3　模型设计

（1）本章首先参照 Anderson 等（2003）的方法建立计量模型，用来验证企业粘性成本的存在及其影响因素。为了消除不同公司和不同时期所造成的数据方差过大的影响，对上述变量取自然对数。$COST_{i,t}$代表第 $i$ 家公司第 $t$ 期的营业成本、销管费用总和；$COGS_{i,t}$代表第 $i$ 家公司在第 $t$ 期的营业成本；$SGA_{i,t}$代表第 $i$ 家公司在第 $t$ 期销售费和管理费用的总和；$REV_{i,t}$代表第 $i$ 家公司第 $t$ 期的营业收入；DecDummy 是哑变量：当 $t$ 期的营业收入低于 $t-1$ 期时，DecDummy 取 1 值；否则 DecDummy 取 0 值。系数 $\beta_1$ 度量营业收入增加时成本的变化幅度，即销售收入增加了 1%，成本增加了 $\beta_1$%。同时，系数 $\beta_1$ 和 $\beta_2$ 之和度量营业收入减少时成本的变化幅度。如果企业存在成本粘性现象，$\beta_2$ 一定是负数，并且 $\beta_2$ 越小，成本粘性程度越高。

在模型设计的过程中，本章选择影响企业成本粘性程度的宏观变量（GDP）和企业自身特征变量（EconVar）作为控制变量。首先，把企业资产密集度（DASSE），连续两期营业收入变化（SCDE）和股票收益率（RET）作为综合控制变量 EconVar。原因在于，在资产密集度较高的企业中，签订长期契约以及企业资产构成的特性会使企业成本缺乏下降的弹性；如果企业营业收入在滞后两期年度中处于连续下降趋势，管理者面临控制成本的压力增加，会采取各种措施对成本严格控制，使得成本降低到合理的水平、成本粘性程度减轻；企业拥有较高的股票收益率预示高管有较高的经营效率和较好的成本费用管理水平，因此高管能够在收入发生变化时对成本费用进行及时有效地调整，但是也有学者提出，如果企业获得较好的收益，高管出于自信等原因，会减小缩减成本的幅度（Clara et al.，2012）。

同时，根据 Anderson 等（2003）、孙铮和刘浩（2004）、刘武（2006）以及刘彦文和王玉刚（2009）等学者的研究成果，宏观经济波动是影响企业收入的重要因素，对成本费用粘性程度产生直接的影响。其原因是在宏观经济不断波动的过程中，当经济处于繁荣时期，企业面临较好的市场前景，在效率观和机会主义观的双重作用下，高管对成本费用的削减程度大幅度减小。由于企业中酌量性成本费用更加容易被操作，导致成本费用粘性程度显著增加，且通常是经济走势越强，企业的成本费用粘性程度就越高。然而对于占据营业收入比重巨大的生产成本来说，当经济周期处于繁荣期时，企业的过度投资或扩张行为所形成的产能过剩被外部需求所消化和掩盖，良好的市场前景和收入水平有利于显著减轻企业的成本粘性程度，因此相对于费用成本粘性，企业的总成本和成本粘性程度会显著减弱。因此，宏观经济周期的波动不仅对成本粘性程度会产生影响，对于不同成本构成的成本粘性程度的影响还存在着较大的区别。

$$\ln\left(\frac{\mathrm{COST}_{i,t}}{\mathrm{COST}_{i,t-1}}\right)=\beta_0+\beta_1\times\ln\left(\frac{\mathrm{REV}_{i,t}}{\mathrm{REV}_{i,t-1}}\right)+\beta_2\times\mathrm{DecDummy}\times\ln\left(\frac{\mathrm{REV}_{i,t}}{\mathrm{REV}_{i,t-1}}\right)+\sum_{l=3}^{5}\beta_l\times\mathrm{DecDummy}\times\ln\left(\frac{\mathrm{REV}_{i,t}}{\mathrm{REV}_{i,t-1}}\right)\times\mathrm{EconVar}_{l,i,t}+\beta_6\times\mathrm{DecDummy}\times\ln\left(\frac{\mathrm{REV}_{i,t}}{\mathrm{REV}_{i,t-1}}\right)\times\mathrm{GDP}_{i,t}+\sum_{k=7}^{9}\beta_k\times\mathrm{EconVar}_{k,i,t}+\beta_{10}\times\mathrm{GDP}_{i,t}+\sum\mathrm{industry}+\sum\mathrm{year}+\varepsilon_{i,t} \quad 1(\mathrm{a})$$

$$\ln\left(\frac{\mathrm{COGS}_{i,t}}{\mathrm{COGS}_{i,t-1}}\right)=\beta_0+\beta_1\times\ln\left(\frac{\mathrm{REV}_{i,t}}{\mathrm{REV}_{i,t-1}}\right)+\beta_2\times\mathrm{DecDummy}\times\ln\left(\frac{\mathrm{REV}_{i,t}}{\mathrm{REV}_{i,t-1}}\right)+\sum_{l=3}^{5}\beta_l\times\mathrm{DecDummy}\times\ln\left(\frac{\mathrm{REV}_{i,t}}{\mathrm{REV}_{i,t-1}}\right)\times\mathrm{EconVar}_{l,i,t}+\beta_6\times\mathrm{DecDummy}\times\ln\left(\frac{\mathrm{REV}_{i,t}}{\mathrm{REV}_{i,t-1}}\right)\times\mathrm{GDP}_{i,t}+\sum_{k=7}^{9}\beta_k\times\mathrm{EconVar}_{k,i,t}+\beta_{10}\times\mathrm{GDP}_{i,t}+\sum\mathrm{industry}+\sum\mathrm{year}+\varepsilon_{i,t} \quad 1(\mathrm{b})$$

$$\ln\left(\frac{\mathrm{SGA}_{i,t}}{\mathrm{SGA}_{i,t-1}}\right)=\beta_0+\beta_1\times\ln\left(\frac{\mathrm{REV}_{i,t}}{\mathrm{REV}_{i,t-1}}\right)+\beta_2\times\mathrm{DecDummy}\times\ln\left(\frac{\mathrm{REV}_{i,t}}{\mathrm{REV}_{i,t-1}}\right)+\sum_{l=3}^{5}\beta_l\times\mathrm{DecDummy}\times\ln\left(\frac{\mathrm{REV}_{i,t}}{\mathrm{REV}_{i,t-1}}\right)\times\mathrm{EconVar}_{l,i,t}+\beta_6\times\mathrm{DecDummy}\times\ln\left(\frac{\mathrm{REV}_{i,t}}{\mathrm{REV}_{i,t-1}}\right)\times\mathrm{GDP}_{i,t}+\sum_{k=7}^{9}\beta_k\times\mathrm{EconVar}_{k,i,t}+\beta_{10}\times\mathrm{GDP}_{i,t}+\sum\mathrm{industry}+\sum\mathrm{year}+\varepsilon_{i,t} \quad 1(\mathrm{c})$$

（2）为了检验代理问题对企业成本粘性问题的影响，本章在模型 1 的基础上增加 AgencyVar 变量形成模型 2。AgencyVar 变量是代表企业代理问题的综合变量，包括 CEO 既有任期（TENU）、CEO 更替（CHEN）、CEO 薪酬结构（COMP）和企业自有现金流（FCF）四个变量。EconVar 变量是综合控制变量，包括资产密集度（DASSE）、连续两期营业收入变化（SCDE）和股票收益率（RET）。如果交互项系数 $\beta_j$ 显著为负，则说明代理问题显著影响企业的成本粘性程度。

$$\ln\left(\frac{\mathrm{COST}_{i,t}}{\mathrm{COST}_{i,t-1}}\right)=\beta_0+\beta_1\times\ln\left(\frac{\mathrm{REV}_{i,t}}{\mathrm{REV}_{i,t-1}}\right)+\beta_2\times\mathrm{DecDummy}\times\ln\left(\frac{\mathrm{REV}_{i,t}}{\mathrm{REV}_{i,t-1}}\right)+\sum_{j=3}^{6}\beta_j\times\mathrm{DecDummy}\times\ln\left(\frac{\mathrm{REV}_{i,t}}{\mathrm{REV}_{i,t-1}}\right)\times\mathrm{AgencyVar}_{j,i,t}+\sum_{l=7}^{9}\beta_l\times\mathrm{DecDummy}\times\ln\left(\frac{\mathrm{REV}_{i,t}}{\mathrm{REV}_{i,t-1}}\right)\times\mathrm{EconVar}_{l,i,t}+\beta_{10}\times\mathrm{DecDummy}\times\ln\left(\frac{\mathrm{REV}_{i,t}}{\mathrm{REV}_{i,t-1}}\right)\times\mathrm{GDP}_{i,t}+\sum_{s=11}^{14}\beta_s\times\mathrm{AgencyVar}_{s,i,t}+\sum_{k=15}^{17}\beta_k\times\mathrm{EconVar}_{k,i,t}+\beta_{18}\times\mathrm{GDP}_{i,t}+\sum\mathrm{industry}+\sum\mathrm{year}+\varepsilon_{i,t}\qquad 2(\mathrm{a})$$

$$\ln\left(\frac{\mathrm{COGS}_{i,t}}{\mathrm{COGS}_{i,t-1}}\right)=\beta_0+\beta_1\times\ln\left(\frac{\mathrm{REV}_{i,t}}{\mathrm{REV}_{i,t-1}}\right)+\beta_2\times\mathrm{DecDummy}\times\ln\left(\frac{\mathrm{REV}_{i,t}}{\mathrm{REV}_{i,t-1}}\right)+\sum_{j=3}^{6}\beta_j\times\mathrm{DecDummy}\times\ln\left(\frac{\mathrm{REV}_{i,t}}{\mathrm{REV}_{i,t-1}}\right)\times\mathrm{AgencyVar}_{j,i,t}+\sum_{l=7}^{9}\beta_l\times\mathrm{DecDummy}\times\ln\left(\frac{\mathrm{REV}_{i,t}}{\mathrm{REV}_{i,t-1}}\right)\times\mathrm{EconVar}_{l,i,t}+\beta_{10}\times\mathrm{DecDummy}\times\ln\left(\frac{\mathrm{REV}_{i,t}}{\mathrm{REV}_{i,t-1}}\right)\times\mathrm{GDP}_{i,t}+\sum_{s=11}^{14}\beta_s\times\mathrm{AgencyVar}_{s,i,t}+\sum_{k=15}^{17}\beta_k\times\mathrm{EconVar}_{k,i,t}+\beta_{18}\times\mathrm{GDP}_{i,t}+\sum\mathrm{industry}+\sum\mathrm{year}+\varepsilon_{i,t}\qquad 2(\mathrm{b})$$

$$\ln\left(\frac{\mathrm{SGA}_{i,t}}{\mathrm{SGA}_{i,t-1}}\right)=\beta_0+\beta_1\times\ln\left(\frac{\mathrm{REV}_{i,t}}{\mathrm{REV}_{i,t-1}}\right)+\beta_2\times\mathrm{DecDummy}\times\ln\left(\frac{\mathrm{REV}_{i,t}}{\mathrm{REV}_{i,t-1}}\right)+\sum_{j=3}^{6}\beta_j\times\mathrm{DecDummy}\times\ln\left(\frac{\mathrm{REV}_{i,t}}{\mathrm{REV}_{i,t-1}}\right)\times\mathrm{AgencyVar}_{j,i,t}+\sum_{l=7}^{9}\beta_l\times\mathrm{DecDummy}\times\ln\left(\frac{\mathrm{REV}_{i,t}}{\mathrm{REV}_{i,t-1}}\right)\times\mathrm{EconVar}_{l,i,t}+\beta_{10}\times\mathrm{DecDummy}\times\ln\left(\frac{\mathrm{REV}_{i,t}}{\mathrm{REV}_{i,t-1}}\right)\times\mathrm{GDP}_{i,t}+\sum_{s=11}^{14}\beta_s\times\mathrm{AgencyVar}_{s,i,t}+\sum_{k=15}^{17}\beta_k\times\mathrm{EconVar}_{k,i,t}+\beta_{18}\times\mathrm{GDP}_{i,t}+\sum\mathrm{industry}+\sum\mathrm{year}+\varepsilon_{i,t}\qquad 2(\mathrm{c})$$

## 4.4　实证检验与分析

### 4.4.1　样本的描述性统计

表4.2 是本章主要变量的描述统计，Panel A 中我国制造业的营业成本约

占营业收入的79%，销售费用和管理费用的总和占营业收入的14%，表明成本费用管理在制造类企业中的重要性。从 Panel B 中可以看到，我国 CEO 任期的平均年限只有3年左右，时间较短，样本中约有14%的企业的 CEO 面临更替。Panel C 中的数据描述了企业经济特征变量。Panel D 中我国制造类企业的机构投资者持股数量约为30%，而国外企业的机构投资者持股比例大约为65%（Clara，2012），反映了我国制造业上市公司的治理过程中缺乏有力度的外部监督。表4.3是主要变量的相关系数矩阵，VIF 检验结果小于10，变量间不存在多重共线性问题。

表4.2　**主要变量描述统计**

| 变量 | N | 均值 | 中位数 | 标准差 |
|---|---|---|---|---|
| Panel A：Revenue and cost | | | | |
| COGS（百万） | 2975 | 3，720 | 1，360 | 7，460 |
| SGA（百万） | 2975 | 192 | 430 | 724 |
| REV（百万） | 2975 | 4，460 | 1，720 | 8，460 |
| COGS/REV | 2975 | 0.79 | 0.82 | 0.13 |
| SGA/REV | 2975 | 0.14 | 0.11 | 0.13 |
| Panel B：AgencyVar | | | | |
| TENU | 2975 | 2.96 | 2.58 | 2.06 |
| CHEN | 2975 | 0.14 | 0 | 0.35 |
| COMP（元） | 2975 | 12.54 | 12.57 | 0.87 |
| FCF | 2975 | 0.056 | 0.05 | 0.07 |
| Panel C：EconVar | | | | |
| DASSE | 2975 | 1.67 | 1.45 | 0.99 |
| RET | 2975 | 0.53 | 0.17 | 1.11 |
| SCDE | 2975 | 0.051 | 0 | 0.22 |
| Panel D：Governance variables | | | | |
| IH（%） | 2753 | 29.44 | 25.71 | 23.89 |
| DUAL | 2753 | 0.10 | 0 | 0.30 |
| BOARD | 2753 | 12.57 | 12 | 3.69 |
| IND（%） | 2753 | 33 | 33 | 8.8 |
| FRIST | 2753 | 37.65 | 36.285 | 14.59 |

注：本表已经对各个变量两端按1%进行 winsorize 处理。

表 4.3 主要变量之间的相关系数

| | Rev Ratio | DASSE | RET | SCDE | GDP | TENU | CHEN | COMP | FCF | F1 | F2 |
|---|---|---|---|---|---|---|---|---|---|---|---|
| Rev Ratio | 1 | | | | | | | | | | |
| DASSE | -0.196*** | 1 | | | | | | | | | |
| RET | 0.149*** | 0.003 | 1 | | | | | | | | |
| SCDE | -0.278*** | 0.225*** | 0.050*** | 1 | | | | | | | |
| GDP | 0.164*** | 0.010 | 0.258*** | -0.070*** | 1 | | | | | | |
| TENU | -0.013 | -0.042** | -0.072*** | 0.010 | -0.255*** | 1 | | | | | |
| CHEN | -0.011 | 0.028 | 0.031 | 0.075*** | 0.087*** | -0.034* | 1 | | | | |
| COMP | 0.077*** | -0.202*** | -0.057*** | -0.110*** | -0.211*** | 0.31*** | -0.1*** | 1 | | | |
| FCF | 0.036* | -0.140*** | 0.073*** | -0.045** | 0.009 | 0.004 | 0.033* | 0.115*** | 1 | | |
| F1 | 0.006 | 0.023 | -0.012 | 0.006 | -0.022 | 0.019 | -0.01 | 0.091*** | 0.027 | 1 | |
| F2 | 0.109*** | -0.096*** | 0.012 | -0.050*** | 0.049*** | -0.06*** | -0.007 | 0.036* | 0.066*** | -0.11*** | 1 |

注：Rev Ratio 是本期营业收入的变化率，F1 和 F2 是用主成分分析法把五个公司治理变量综合后的分值。

## 4.4.2 成本粘性存在及其影响因素

本章首先利用模型 1 检验我国制造类企业是否存在成本粘性现象及其影响因素。如表 4.4 所示，三个模型中的系数 $\beta_1$ 与 $\beta_2$ 都达到显著水平（$\beta_1=0.953$，$t=93.32$，$\beta_2=-0.081$，$t=-1.73$；$\beta_1=1.013$，$t=168.7$，$\beta_2=-0.053$，$t=-2.11$；$\beta_1=0.576$，$t=28.16$，$\beta_2=-0.176$，$t=-2.1$），且系数 $\beta_1$ 与 $\beta_2$ 之和均显著小于 $\beta_1$，检验结果证明我国制造类企业存在成本粘性现象。表 4.4 模型 1（a）中资产密集度（DASSE）和成本粘性的交互项变量系数（$\beta_3=-0.045$，$t=-4.68$）的方向和本章预测相同，并且达到显著水平，说明企业的资产密集度越高，成本粘性程度就越高；而当收入在滞后两期连续出现下降时，成本粘性程度交互项变量系数（$\beta_4=-0.020$，$t=-0.23$）并未达到显著水平，这在一定程度上否定了成本费用粘性的效率观。同时股票收益率（*RET*）和成本粘性程度交互项变量系数（$\beta_5=0.054$，$t=2.13$），说明高管预期未来较好的现金流入和有效的成本费用管理都会显著降低成本费用的粘性程度。同时，表 4.4 中资产密集度（DASSE）、连续两期营业收入变化（SCDE）和股票收益率（RET）三个变量与成本粘性变量交互项的 Beta 系数反映自变量改变一个标准差后对因变量的影响，可以看出企业的资产密集度是企业自身特征因素中对成本粘性程度影响最大的变量，和上述检验结果符合。

表 4.4　**检验制造类企业存在成本粘性现象及其影响因素**

| | | 模型 1(a) | | 模型 1(b) | | 模型 1(c) | |
|---|---|---|---|---|---|---|---|
| | 符号 | 回归系数 | Beta 系数 | 回归系数 | Beta 系数 | 回归系数 | Beta 系数 |
| Intercept | ? | 0.035<br>(0.48) | | 0.027<br>(0.6) | | 0.272<br>(1.52) | |
| Sales change | + | 0.953<br>(93.32)*** | 0.941 | 1.013<br>(168.7)*** | 0.993 | 0.576<br>(28.16)*** | 0.583 |
| Decdummy * Sales change | – | -0.081<br>(-1.73)* | -0.023 | -0.053<br>(-2.11)** | -0.014 | -0.176<br>(-2.1)*** | -0.053 |
| Interaction Terms (Variable * DecDummy * Sale Change) | | | | | | | |
| DASSE | – | -0.045<br>(-4.68)*** | -0.062 | -0.030<br>(-5.36)*** | -0.041 | -0.025<br>(-2.2)*** | -0.057 |
| SCDE | + | -0.020<br>(-0.23) | -0.003 | 0.053<br>(0.99) | 0.008 | 0.025<br>(0.15) | 0.005 |

续表

| | 模型 1(a) | | | 模型 1(b) | | 模型 1(c) | |
|---|---|---|---|---|---|---|---|
| | 符号 | 回归系数 | Beta 系数 | 回归系数 | Beta 系数 | 回归系数 | Beta 系数 |
| RET | ? | 0.054<br>(2.13) ** | 0.021 | -0.017<br>(-1.12) | -0.006 | -0.014<br>(-0.28) | -0.005 |
| GDP | ? | -0.025<br>(-0.59) | -0.006 | 0.095<br>(4.57) *** | 0.025 | -0.276<br>(-3.06) *** | -0.058 |
| Standalone Variables | | | | | | | |
| DASSE | | -0.007<br>(-2.87) *** | -0.029 | -0.002<br>(-1.05) | -0.006 | -0.006<br>(-1.31) | -0.025 |
| SCDE | | -0.015<br>(-0.85) | -0.011 | 0.001<br>(0.1) | 0.0007 | 0.016<br>(0.5) | 0.012 |
| RET | | -0.015<br>(-4.29) *** | -0.059 | -0.025<br>(-12.38) *** | -0.096 | -0.003<br>(-0.36) | -0.010 |
| GDP | | 0.005<br>(0.51) | 0.008 | 0.047<br>(6.59) *** | 0.074 | -0.012<br>(-0.67) | -0.021 |
| SOE | | 0.000003<br>(0.00) | 0.00001 | 0.002<br>(0.65) | 0.003 | -0.008<br>(-0.74) | -0.012 |
| 年度 | 控制 | | | | | | |
| 二级行业 | 控制 | | | | | | |
| $N$ | | 2975 | | 2975 | | 2975 | |
| Adjusted $R^2$ | | 0.827 | | 0.942 | | 0.277 | |

注：***、**、* 分别在 0.01、0.05 和 0.1 的水平上显著。(双尾检验)

同时，模型 1 (a) 中宏观经济周期与成本粘性变量的交互项系数 ($\beta_6 = -0.025$，$t = -0.59$) 未达到显著程度，在模型 1 (b) 中，宏观经济周期变量与交互项系数 $\beta_6$ 显著为正 (0.095，$t = 4.57$)，表明宏观经济周期性波动是影响企业收入状况并且导致成本出现粘性特征的重要因素。当经济周期处于繁荣期时，企业的过度投资或扩张行为所形成的产能过剩被外部需求所消化和掩盖，良好的市场前景有利于显著减轻企业的成本粘性程度。而在模型 1 (c) 中，宏观经济周期变量与交互项系数 $\beta_6$ 显著为负 (−0.276，$t = 3.06$)，说明当经济周期处于繁荣期时，良好的市场前景和收入状况有利于显著减轻企业的成本粘性程度，然而由于高管的机会主义动机更强，企业的费用粘性程度更高，高管对费用粘性的操纵性更强，以上检验结果和本章预测相同。

### 4.4.3 代理问题与成本粘性

在表4.5中，从代理问题变量与成本粘性变量的交互项的系数看，在模型2（a）中，CEO任期、更替和基本薪酬变量以及企业自由现金流水平变量和成本粘性程度的交互项系数（$\beta_3=-0.062$，$t=-3.89$；$\beta_4=-0.199$，$t=-2.5$；$\beta_5=0.023$，$t=3.26$；$\beta_6=-1.701$，$t=-4.02$）与本章预测方向一致且均达到显著水平，说明CEO的任期越长，高管的机会主义动机越强烈，成本粘性越强；当临近CEO更替时，出于高管的补偿心理和个人动机对其成本决策的影响，企业的成本粘性程度更强。同时，如果CEO薪酬结构中基本薪酬部分增加，成本粘性程度显著减轻；相反如果CEO薪酬体系中的基本薪酬部分减少，成本粘性程度显著加重。并且随着企业自由现金流水平增加，成本粘性程度显著增强，本章假设1a、1b、1d和1e成立。在模型2（b）和2（c）中，CEO的既有任期（TENU）交互项变量的系数$\beta_3$（$-0.003$，$t=-0.36$；$-0.013$，$t=-0.43$）和CEO更替（CHEN）交互项变量的系数$\beta_4$（$-0.023$，$t=-0.56$；$-0.128$，$t=-0.9$）与本章预测方向一致，但是并未达到显著水平，本章认为由于我国CEO任期普遍较低，数据结果会受到一定的影响。CEO基本薪酬变量交互项$\beta_5$（$0.066$，$t=2.89$；$0.052$，$t=2.87$）、企业自由现金流水平变量交互项系数（$\beta_6=-0.622$，$t=-3.29$；$\beta_6=-2.164$，$t=-1.81$）与本章预测方向一致，均达到显著水平。以上分析中三个模型的检验结果基本一致。

表4.5 **检验企业代理问题对成本粘性的影响**

| | | 模型2（a） | | 模型2（b） | | 模型2（c） | |
|---|---|---|---|---|---|---|---|
| | 符号 | 回归系数 | Beta系数 | 回归系数 | Beta系数 | 回归系数 | Beta系数 |
| Intercept | ? | 0.038<br>(0.35) | | −0.085<br>(−1.44) | | −0.133<br>(−0.82) | |
| Sales change | + | 1.097<br>(74.5)*** | 0.904 | 1.015<br>(166.3)*** | 0.988 | 0.559<br>(27.29)*** | 0.576 |
| Decdumy * Sales change | − | −0.300<br>(−3.56)*** | −0.090 | −0.858<br>(−3.01)*** | −0.243 | −0.602<br>(−3.14)*** | −0.185 |
| Variable * DecDummy * Sales Change | | | | | | | |
| TENU | − | −0.062<br>(−3.89)*** | −0.069 | −0.003<br>(−0.36) | −0.003 | −0.013<br>(−0.43) | −0.015 |

续表

| | 模型2（a） | | | 模型2（b） | | 模型2（c） | |
|---|---|---|---|---|---|---|---|
| | 符号 | 回归系数 | Beta系数 | 回归系数 | Beta系数 | 回归系数 | Beta系数 |
| CHEN | − | −0.199<br>(−2.5)*** | −0.026 | −0.023<br>(−0.56) | −0.003 | −0.128<br>(−0.9) | −0.017 |
| COMP | + | 0.023<br>(3.26)*** | 0.101 | 0.066<br>(2.89)*** | 0.230 | 0.052<br>(2.87)*** | 0.193 |
| FCF | − | −1.701<br>(−4.02)*** | −0.043 | −0.622<br>(−3.29)*** | −0.018 | −2.164<br>(−1.81)* | −0.038 |
| DASSE | − | 0.003<br>(0.40) | 0.007 | −0.029<br>(−4.9)*** | −0.039 | −0.031<br>(−2.71)*** | −0.072 |
| SCDE | + | −0.137<br>(−1.49) | −0.025 | (0.060)<br>1.120 | 0.010 | 0.012<br>(0.07) | 0.002 |
| RET | ? | 0.072<br>(2.56)*** | 0.029 | −0.005<br>(−0.34) | −0.002 | −0.038<br>(−0.76) | −0.016 |
| GDP | ? | 0.181<br>(2.82)*** | 0.038 | 0.189<br>(6.91)*** | 0.042 | −0.310<br>(−3.32)*** | −0.068 |
| Standalone Variables | | | | | | | |
| TENU | | −0.004<br>(−2.83)*** | −0.031 | −0.0006<br>(−0.72) | −0.004 | 0.0008<br>(0.3) | 0.006 |
| CHEN | | −0.003<br>(−0.38) | −0.004 | 0.007<br>(1.56) | 0.008 | −0.005<br>(−0.37) | −0.007 |
| COMP | | 0.002<br>(0.53) | 0.006 | 0.005<br>(2.8)*** | 0.016 | 0.012<br>(1.92)* | 0.037 |
| FCF | | −0.197<br>(−4.96)*** | −0.051 | −0.157<br>(−7.18)*** | −0.038 | −0.158<br>(−2.21)*** | −0.041 |
| DASSE | | −0.007<br>(−2.98)*** | −0.033 | −0.003<br>(−1.91)* | −0.012 | −0.007<br>(−1.61) | −0.033 |
| SCDE | | −0.018<br>(−0.97) | −0.013 | 0.0003<br>(0.03) | 0.0002 | 0.010<br>(0.32) | 0.008 |
| RET | | 0.014<br>(3.74)*** | 0.057 | −0.024<br>(−11.69)*** | −0.092 | −0.0029<br>(−0.410) | −0.012 |
| GDP | | −0.040<br>(−2.980)*** | −0.068 | 0.047<br>(6.52)*** | 0.076 | 0.0051<br>(0.250) | 0.009 |
| SOE | | −0.008<br>(−1.48) | −0.014 | 0.003<br>(0.840) | 0.004 | −0.0031<br>(−0.310) | −0.005 |

续表

| | | 模型 2（a） | | 模型 2（b） | | 模型 2（c） | |
|---|---|---|---|---|---|---|---|
| | 符号 | 回归系数 | Beta 系数 | 回归系数 | Beta 系数 | 回归系数 | Beta 系数 |
| 年度 | 控制 | | | | | | |
| 二级行业 | 控制 | | | | | | |
| $N$ | | 2975 | | 2975 | | 2975 | |
| Adjusted $R^2$ | | 0.778 | | 0.943 | | 0.275 | |

注：***、**、* 分别在 0.01，0.05 和 0.1 的水平上显著。（双尾检验）

在表 4.5 中，模型 2（a）中资产密集度（DASSE）、上期营业收入变化（SCDE）和股票收益率（RET）以及宏观经济周期（GDP）四个变量分别与成本粘性变量的交互项系数（$\beta_7=0.003$，$t=0.4$；$\beta_8=-0.137$，$t=-1.49$；$\beta_9=0.072$，$t=2.56$；$\beta_1 0=0.181$，$t=2.82$）和本章预测方向和显著性基本一致。同时相比表 4.4 中相应变量的检验结果，在模型考虑了代理问题变量之后，资产密集度（DASSE）、连续两期营业收入变化（SCDE）和股票收益率（RET）三个变量分别与成本粘性变量的交互项系数 $\beta_7$、$\beta_8$、$\beta_9$ 的大小以及显著程度有明显下降，且三个模型的检验结果基本一致。模型 1（a）的宏观经济周期与成本粘性变量的交互项系数 $\beta_6$（0.181，$t=2.82$）达到了显著程度，说明当宏观经济周期处于繁荣期的阶段，企业的成本粘性程度显著降低。并且，模型 1（b）中宏观经济周期与成本粘性变量的交互项系数 $\beta_6$（0.189，$t=6.91$）和 1（c）中的 $\beta_6$（$-0.310$，$t=-3.32$）和本章的预测一致，且达到了显著程度。表 4.5 的检验结果表明，在控制了企业经济特征因素和宏观经济周期变化后，股东和高管之间的代理问题会显著影响企业成本粘性程度。

同时，Beta 系数是各个变量按照均值和标准差进行标准化后的回归系数，因此，为了更加准确地说明企业经济特征因素和代理问题对成本粘性程度形成的不同影响，本章用回归后得到经过标准化处理的 Beta 系数，来衡量模型 2 中代理变量和企业经济特征对成本粘性程度构成的不同影响程度。从表 4.5 模型 2（a）的检验结果中可以看到，CEO 任期（TENU）、更替（CHEN）、CEO 薪酬结构（COMP）和企业自由现金流水平（FCF）与成本粘性程度的交互项的 Beta 系数（−0.069；−0.026；0.101；−0.043）说明，当 CEO 任期增加 1 个标准差时，企业成本粘性程度增加 0.069 个标准差；当 CEO 临近更替时，企业成本粘性程度增加 0.026 个标准差；当 CEO 基本薪酬增加 1 个标准差，企业成本粘性程度减少 0.101 个单位的标准差；当企业的自由现金流水平增加

1 个标准差，企业成本粘性程度增加 0.043 个标准差。对比以上变量的 Beta 系数可以发现，CEO 基本薪酬结构对企业成本粘性程度的影响较大。同时，资产密集度（DASSE）、连续两期营业收入变化（SCDE）和股票收益率（RET）与成本粘性程度的交互项的 Beta 系数分别是 0.007、-0.025 和 0.029，说明当企业的资产密集度增加 1 个单位的标准差时，成本粘性程度降低 0.007 个标准差；当营业收入在滞后两期内连续下降时，成本粘性程度增加 0.025 个标准差；当股票收益率增加 1 个单位的标准差时，成本粘性程度减少 0.029 个标准差。经过比较可以得出结论，企业资产密集度、收入连续下降和股票收益率等因素导致成本粘性程度变化的程度小于代理问题对成本粘性程度的影响。模型 2（a）、2（b）和 2（c）的结论基本一致，说明代理问题是影响成本粘性程度的重要变量，本章假设成立。

### 4.4.4　公司治理、代理问题与企业成本粘性

本章采用主成分分析法来检验公司治理对成本粘性程度的影响。首先，把公司治理的五个变量分成两组进行降维，结果如表 4.6 中 panelA 所示，两组变量所提取特征根均达到 1.0 以上，因此，选择 Factor1，Factor2 指标对表 4.5 的实证结果进行分组检验，以 Factor1 Score 值的中位数作为分组标准，分值越高，说明董事会人数较多，并且 CEO 兼任董事长的比例多，因此分值越大公司治理环境越差；对于大于 Factor2 Score 来说，分值越大说明机构投资者持股比例越大、独立董事占董事会人数比例越高、大股东持股比例越高，因此公司治理环境越好。根据前文的实证检验结果，代理问题会显著强化企业的成本粘性程度，由此本章预测：在控制了企业自身经济特征以及宏观经济周期因素之后，相比较强的公司治理环境，公司治理措施越弱导致成本粘性程度越高。

在表 4.6 的 panel B 中，本章先用按照董事会人数变量和 CEO 是否兼任董事长变量组成的公司治理变量 Fator1 把样本划分为较强公司治理环境和较弱公司治理环境的分样本，表 4.6 的第 2 列至第 7 列是用模型 2 的 3 种形式对分样本数据进行回归得到的结果。在较弱的公司治理环境分样本中，模型 2（a）中的 CEO 更替、CEO 薪酬结构和企业自由现金流水平的交互项变量系数（$\beta_4=-0.365$，$t=-3.59$；$\beta_5=0.063$，$t=4.58$；$\beta_6=-2.268$，$t=-4.37$）的方向和显著程度和表 4.5 的回归结果一致，表明当董事会人数越多、CEO 兼任董事长的公司治理环境会使代理问题对成本粘性程度产生强化作用；然而在较强的公司治理环境分样本中，CEO 任期、更替和企业自由现金流水平的交互项

表 4.6 检验不同的公司治理环境对企业成本粘性的影响

panel A:对公司治理变量分组降维

| Variables | Estimated Factor Loadings | |
|---|---|---|
| | Factor1 | Factor2 |
| Board | 0.71 | |
| Dual | 0.70 | |
| Ih | | 0.56 |
| Ind | | 0.62 |
| First | | 0.55 |
| Eigenvalues | 1.01 | 1.18 |
| Cumulative proportion of total sample variance | 0.50 | 0.39 |

panel B:分样本检验

| | Factor1 | | | | | | Factor2 | | | | | |
|---|---|---|---|---|---|---|---|---|---|---|---|---|
| | Weak Governance | | | Strong Governance | | | Weak Governance | | | Strong Governance | | |
| | (Factor1 Score>=median) | | | (Factor1 Score<median) | | | (Factor2 Score<median) | | | (Factor2 Score>=median) | | |
| | 模型 2(a) 系数 | 模型 2(b) 系数 | 模型 2(c) 系数 | 模型 2(a) 系数 | 模型 2(b) 系数 | 模型 2(c) 系数 | 模型 2(a) 系数 | 模型 2(b) 系数 | 模型 2(c) 系数 | 模型 2(a) 系数 | 模型 2(b) 系数 | 模型 2(c) 系数 |
| Intercept | -0.037<br>(-0.520) | -0.102<br>(-2.25)** | -0.438<br>(-2.46) | -0.169<br>(-2.59)*** | -0.015<br>(-0.23) | 0.126<br>(0.67) | 0.034<br>(0.46) | -0.013<br>(-0.28) | 0.038<br>(0.200) | -0.037<br>(-0.54) | -0.063<br>(-0.95) | -0.007<br>(-0.54) |
| Sales Change | 0.712<br>(48.95)*** | 1.037<br>(142.27)*** | 0.534<br>(14.95)*** | 0.688<br>(62.93)*** | 0.985<br>(92.82)*** | 0.579<br>(23.92)*** | 0.786<br>(51.69)*** | 1.020<br>(140.75)*** | 0.551<br>(14.4)*** | 0.661<br>(58.89)*** | 1.009<br>(86.56)*** | 0.570<br>(19.78)*** |

续表

| | Factor1 | | | | | | Factor2 | | | | | |
|---|---|---|---|---|---|---|---|---|---|---|---|---|
| | Weak Governance | | | Strong Governance | | | Weak Governance | | | Strong Governance | | |
| | (Factor1 Score>=median) | | | (Factor1 Score<median) | | | (Factor2 Score<median) | | | (Factor2 Score>=median) | | |
| | 模型2(a) 系数 | 模型2(b) 系数 | 模型2(c) 系数 | 模型2(a) 系数 | 模型2(b) 系数 | 模型2(c) 系数 | 模型2(a) 系数 | 模型2(b) 系数 | 模型2(c) 系数 | 模型2(a) 系数 | 模型2(b) 系数 | 模型2(c) 系数 |
| DecDummy * Sales Change | -0.580<br>(-3.46)*** | -1.282<br>(-3.69)*** | -0.809<br>(-2.3)** | -0.720<br>(-8.28)*** | -0.128<br>(-0.25) | -0.249<br>(-1.09) | -0.509<br>(-2.9)*** | -0.904<br>(-2.32)*** | -0.325<br>(-1.04) | -0.557<br>(-5.47)*** | -0.546<br>(-1.23) | -0.649<br>(-2.98)*** |
| Variable * DecDummy * Sales Change | | | | | | | | | | | | |
| TENU | 0.048<br>(2.4)*** | 0.010<br>(0.93) | 0.040<br>(0.78) | -0.007<br>(-0.44) | -0.015<br>(-1.04) | -0.035<br>(-0.97) | 0.00006<br>(0) | 0.015<br>(1.18) | -0.076<br>(-1.77)* | 0.030<br>(1.5) | -0.019<br>(-1.52) | 0.048<br>(1.26) |
| VCHEN | -0.365<br>(-3.59)*** | -0.013<br>(-0.25) | -0.641<br>(-2.22)** | 0.088<br>(1.2) | -0.014<br>(-0.19) | 0.104<br>(0.64) | -0.014<br>(-0.16) | 0.019<br>(0.37) | -0.197<br>(-0.82) | -0.113<br>(-1.42) | -0.058<br>(-0.84) | -0.073<br>(-0.46) |
| COMP | 0.063<br>(4.58)*** | 0.093<br>(3.35)*** | 0.062<br>(1.85)* | 0.091<br>(10.41)*** | 0.015<br>(0.37) | 0.032<br>(1.52) | 0.058<br>(4.06)*** | 0.061<br>(1.92)* | 0.048<br>(1.69)* | 0.069<br>(7.01)*** | 0.047<br>(1.34) | 0.021<br>(1.00) |
| FCF | -2.268<br>(-4.37)*** | -0.569<br>(-2.60)*** | -2.721<br>(-1.350) | 0.705<br>(2.23)** | -0.672<br>(-1.76)* | -1.269<br>(-0.87) | -0.021<br>(-0.04) | -0.677<br>(-3.01)*** | -0.225<br>(-0.13) | -0.408<br>(-1.19) | -0.071<br>(-0.19) | -0.837<br>(-0.95) |
| DASSE | -0.023<br>(-1.32) | -0.030<br>(-4.07)*** | -0.030<br>(-1.6) | -0.026<br>(-2.4)** | -0.026<br>(-2.64)*** | -0.059<br>(-2.66)*** | -0.036<br>(-2.29)** | -0.029<br>(-3.51)*** | -0.030<br>(-1.95)** | -0.023<br>(-1.89)* | -0.029<br>(-3.23)*** | 0.002<br>(0.07) |
| SCDE | 0.028<br>(0.19) | 0.115<br>(1.84)* | 0.279<br>(0.770) | -0.185<br>(-2.03)** | -0.053<br>(-0.50) | -0.018<br>(-0.1) | -0.089<br>(-0.81) | 0.093<br>(1.26) | -0.229<br>(-0.86) | -0.251<br>(-2.24)** | -0.046<br>(-0.56) | 0.139<br>(0.72) |

续表

| | Factor1 | | | | | | Factor2 | | | | | |
|---|---|---|---|---|---|---|---|---|---|---|---|---|
| | Weak Governance | | | Strong Governance | | | Weak Governance | | | Strong Governance | | |
| | (Factor1 Score>=median) | | | (Factor1 Score<median) | | | (Factor2 Score<median) | | | (Factor2 Score>=median) | | |
| | 模型 2(a)<br>系数 | 模型 2(b)<br>系数 | 模型 2(c)<br>系数 | 模型 2(a)<br>系数 | 模型 2(b)<br>系数 | 模型 2(c)<br>系数 | 模型 2(a)<br>系数 | 模型 2(b)<br>系数 | 模型 2(c)<br>系数 | 模型 2(a)<br>系数 | 模型 2(b)<br>系数 | 模型 2(c)<br>系数 |
| Variable * DecDummy * Sales Change | | | | | | | | | | | | |
| RET | 0.046<br>(1.44) | 0.016<br>(0.76) | −0.078<br>(−0.950) | 0.030<br>(0.98) | −0.016<br>(−0.7) | −0.056<br>(−0.88) | 0.018<br>(0.63) | 0.008<br>(0.38) | −0.073<br>(−0.84) | 0.085<br>(2.61) ** | −0.016<br>(−0.74) | 0.027<br>(0.51) |
| GDP | −0.045<br>(−0.59) | 0.193<br>(6.04) *** | −0.377<br>(−1.7) * | 0.057<br>(0.93) | 0.165<br>(3.05) *** | −0.283<br>(−2.69) *** | 0.052<br>(0.79) | 0.209<br>(6.37) *** | −0.229<br>(−1.34) | −0.069<br>(−0.95) | 0.169<br>(3.15) *** | −0.037<br>(−0.32) |
| Standalone Variable | | | | | | | | | | | | |
| TENU | −0.0002<br>(−0.08) | 0.0008<br>(0.81) | −0.002<br>(−0.52) | 0.002<br>(1.09) | −0.003<br>(−2.11) ** | 0.003<br>(0.95) | 0.002<br>(1.01) | −0.0005<br>(−0.45) | 0.00002<br>(0) | 0.0004<br>(0.25) | −0.0004<br>(−0.31) | 0.00009<br>(0.03) |
| CHEN | 0.004<br>(0.36) | 0.011<br>(1.94) * | 0.035<br>(1.4) | 0.015<br>(1.85) * | 0.003<br>(0.42) | −0.039<br>(−2.23) ** | 0.003<br>(0.36) | 0.021<br>(3.39) *** | −0.003<br>(−0.14) | 0.018<br>(1.91) * | −0.005<br>(−0.77) | 0.002<br>(0.12) |
| COMP | 0.009<br>(2.07) ** | 0.007<br>(2.90) *** | 0.013<br>(1.3) | 0.008<br>(2.42) ** | 0.004<br>(1.38) | 0.013<br>(1.76) * | 0.002<br>(0.65) | 0.004<br>(1.52) | 0.001<br>(0.13) | 0.013<br>(3.23) *** | 0.005<br>(1.59) | 0.016<br>(2.15) ** |
| FCF | −0.238<br>(−4.82) *** | −0.127<br>(−4.65) *** | −0.063<br>(−0.52) | −0.113<br>(−2.85) *** | −0.196<br>(−5.4) *** | −0.267<br>(−3.09) *** | −0.228<br>(−5.03) | −0.106<br>(−3.76) *** | −0.158<br>(0.165) | −0.134<br>(−3.11) *** | −0.205<br>(−5.9) *** | −0.077<br>(−0.94) |
| DASSE | −0.007<br>(−2.22) ** | 0.0001<br>(0.08) | 0.001<br>(0.13) | −0.002<br>(−0.67) | −0.006<br>(2.6) *** | −0.011<br>(−2.17) ** | −0.008<br>(−2.65) *** | −0.002<br>(−0.92) | −0.012<br>(−1.77) * | 0.00009<br>(−0.03) | −0.004<br>(−1.79) * | 0.004<br>(0.69) |

续表

| | Factor1 | | | | | | Factor2 | | | | | |
|---|---|---|---|---|---|---|---|---|---|---|---|---|
| | Weak Governance | | | Strong Governance | | | Weak Governance | | | Strong Governance | | |
| | (Factor1 Score>=median) | | | (Factor1 Score<median) | | | (Factor2 Score<median) | | | (Factor2 Score>=median) | | |
| | 模型 2(a) 系数 | 模型 2(b) 系数 | 模型 2(c) 系数 | 模型 2(a) 系数 | 模型 2(b) 系数 | 模型 2(c) 系数 | 模型 2(a) 系数 | 模型 2(b) 系数 | 模型 2(c) 系数 | 模型 2(a) 系数 | 模型 2(b) 系数 | 模型 2(c) 系数 |
| Standalone Variable | | | | | | | | | | | | |
| SCDE | -0.038 | 0.010 | 0.036 | -0.047 | -0.014 | 0.012 | -0.024 | 0.004 | -0.003 | -0.079 | -0.007 | 0.065 |
| | (-1.58) | (0.76) | (0.62) | (-2.5) ** | (-0.78) | (0.3) | (-1.33) | (0.21) | (-0.08) | (-3.13) | (-0.51) | (1.4) |
| RET | -0.011 | -0.030 | -0.007 | -0.007 | -0.016 | -0.0004 | -0.007 | -0.029 | -0.003 | -0.010 | -0.018 | 0.003 |
| | (-2.32) ** | (-12.03) *** | (-0.64) | (-1.82) * | (-4.7) *** | (-0.04) | (-1.76) * | (0.21) | (-0.3) | (-2.17) | (-5.71) *** | (0.37) |
| GDP | 0.022 | 0.027 | -0.037 | 0.004 | 0.026 | -0.068 | 0.008 | 0.026 | -0.029 | 0.034 | 0.034 | -0.056 |
| | (1.31) | (3.62) *** | (-0.9) | (0.32) | (2.13) ** | (-2.3) ** | (0.62) | (3.08) *** | (0.364) | (2.13) ** | (3.44) *** | (-1.84) * |
| SOE | 0.011 | 0.004 | 0.003 | 0.003 | 0.001 | -0.008 | 0.006 | 0.0009 | -0.018 | 0.0003 | 0.005 | -0.007 |
| | (1.52) | (1.21) | (-0.438) | (0.53) | (0.24) | (-0.72) | (0.03) | (0.19) | (-1.32) | (0.04) | (1.08) | (-0.54) |
| 年度 | 控制 | | | | | | | | | | | |
| 二级行业 | 控制 | | | | | | | | | | | |
| $N$ | 1380 | 1380 | 1380 | 1373 | 1373 | 1373 | 1370 | 1370 | 1370 | 1383 | 1383 | 1383 |
| Adjusted $R^2$ | 0.798 | 0.953 | 0.236 | 0.827 | 0.927 | 0.341 | 0.806 | 0.959 | 0.192 | 0.820 | 0.912 | 0.289 |

注：***、**、* 分别在 0.01,0.05 和 0.1 的水平上显著。(双尾检验)

变量系数 $\beta_3$（-0.007，$t=-0.44$），$\beta_4$（0.088，$t=1.2$），$\beta_6$（0.705，$t=2.23$）的方向和显著程度都和表4.5的检验结果有较大的区别，也和弱样本组的数据结果形成对比，表明在公司治理较好的环境中，企业的成本粘性会显著降低或发生反转。模型2（b）和2（c）的检验结果和模型2（a）的检验结果基本一致，符合本章假设H2。

表4.6的第8列至第13列是按照公司治理变量Fator2把样本划分为较强公司治理环境和较弱公司治理环境的分样本，综合了机构投资者持股比例、独立董事占董事会人数比例和大股东持股比例三个公司治理变量。在较弱的公司治理环境分样本中，模型2（b）中CEO的薪酬结构以及企业自由现金流水平的交互项变量系数 $\beta_5$（0.061，$t=1.92$），$\beta_6$（-0.677，$t=-3.01$）的方向和显著性和表4.5的回归结果一致，表明机构投资者比例越少、独立董事占董事会人数比例越小、大股东持股比例越低，企业的成本粘性程度越高，符合本章提出的代理问题影响成本粘性程度的假设；相比之下，在公司治理环境强的分样本中，模型2（b）中CEO的薪酬结构和企业自由现金流水平的交互项变量系数 $\beta_5$（0.047，$t=1.34$），$\beta_6$（-0.071，$t=-0.19$）均未达到显著水平，说明在较强的公司治理环境中，由于CEO基本薪酬和企业自由现金流水平等代理问题所强化的成本粘性程度能够得到有效减轻，本章假设H2成立。

### 4.4.5 进一步分析

在企业发展的不同阶段中，由于投资活动有显著差异，成本水平会相差很大。对于处于成长期和成熟期的制造类企业，成长期企业的投资活动较多，导致资产密集度更大，更容易形成成本的粘性特征；然而成熟期企业中的代理问题相对更加严重，因此对成本粘性程度可能会存在较大影响。为了检验处于不同生命周期中的企业，其自身经济特征和代理问题对成本粘性程度的不同影响，本章在进一步分析中参照Clara（2012）和Banker（2011）的做法，以当期为基准，用 $t-2$、$t-1$ 和 $t$ 期连续三期主营业务收入的波动程度作为划分企业生命周期阶段的指标，并以其中位数为划分标准，把总样本划分为处于成长期和成熟期的企业样本，分组检验两种因素对成本粘性程度的不同影响。检验结果如表4.7所示，在成熟期企业的样本组中，3个模型的变量系数 $\beta_2$（-0.463，$t=-4.88$；-0.159，$t=-1.92$；-0.616，$t=-3.95$）都呈负向显著，而在成长期企业样本组中只有模型2（a）中的变量系数 $\beta_2$（-0.944，$t=-1.8$）达到显著水平，说明在成熟企业的成本粘性程度显著更高。同时在成长期企业的样本组中，只有模型2（a）中CEO薪酬结构交互项变量系数

$\beta_5$（0.098，$t$=2.46）达到显著水平；然而在成熟期企业样本组的检验结果中，AgencyVar 综合变量中 CEO 薪酬结构交互项变量系数 $\beta_5$（0.085，$t$=7.35；0.013，$t$=1.68；0.061，$t$=3.33）和企业自由现金流水平交互项变量系数 $\beta_6$（−3.397，$t$=−2.1；−0.869，$t$=−3.57；−2.539，$t$=−1.26）基本达到显著水平，表明在成熟期企业中，除了资产密集度变量和宏观经济周期变动因素是影响成本粘性程度的重要变量之外，CEO 基本薪酬越低、企业自由现金流水平越高，成本粘性程度越大。结果表明，相比成长期企业，成熟期企业的代理问题对成本粘性程度的影响更大，结论支持前文假设。

表 4.7　　**检验不同企业生命周期中代理问题对成本粘性的影响**

| | 成长期企业 | | | 成熟期企业 | | |
|---|---|---|---|---|---|---|
| | (StdDevSale>=median) | | | (StdDevSale <median) | | |
| | 模型 2(a) | 模型 2(b) | 模型 2(c) | 模型 2(a) | 模型 2(b) | 模型 2(c) |
| | 系数 | 系数 | 系数 | 系数 | 系数 | 系数 |
| Intercept | −0.032 | −0.042 | 0.214 | −0.007 | −0.032 | −0.100 |
| | (−0.45) | (−0.58) | (1.17) | (−0.07) | (−0.46) | (−0.64) |
| Sales Change | 0.840 | 0.994 | 0.391 | 0.641 | 1.015 | 0.559 |
| | (28.4)*** | (40.76)*** | (5.01)*** | (54.19)*** | (129.37)*** | (20.83)*** |
| DecDummy * Sales Change | −0.944 | −0.0005 | −0.110 | −0.463 | −0.159 | −0.616 |
| | (−1.8)* | (−0.01) | (−0.38) | (−4.88)*** | (−1.92)** | (−3.95)*** |
| Variable * DecDummy * Sales Change | | | | | | |
| TENU | −0.0008 | 0.003 | 0.036 | 0.021 | −0.006 | −0.018 |
| | (−0.05) | (0.20) | (0.84) | (1.13) | (−0.45) | (−0.42) |
| CHEN | 0.017 | −0.107 | 0.111 | −0.109 | −0.002 | −0.203 |
| | (0.2) | (−1.50) | (0.47) | (−1.32) | (−0.03) | (−1.07) |
| COMP | 0.098 | 0.005 | −0.005 | 0.085 | 0.013 | 0.061 |
| | (2.46)** | (0.54) | (−0.16) | (7.35)*** | (1.68)* | (3.33)*** |
| FCF | −2.138 | 0.073 | −1.807 | −3.397 | −0.869 | −2.539 |
| | (−1.42) | (0.20) | (−1.21) | (−2.1)** | (−3.57)*** | (−1.26) |
| DASSE | −0.116 | −0.095 | −0.044 | −0.018 | −0.037 | 0.005 |
| | (−3.89)*** | (−3.94)*** | (−0.54) | (−1.53) | (−4.89)*** | (0.32) |
| SCDE | 0.145 | 0.044 | −0.029 | −0.482 | 0.026 | −0.561 |
| | (1.32) | (0.49) | (−0.1) | (−3.61)*** | (0.29) | (−2.19)** |

续表

| | 成长期企业 (StdDevSale>=median) | | | 成熟期企业 (StdDevSale <median) | | |
|---|---|---|---|---|---|---|
| RET | 0.051<br>(2.00)** | 0.022<br>(1.02) | 0.121<br>(1.48) | 0.065<br>(1.89)* | −0.016<br>(−0.69) | −0.069<br>(−1.01) |
| GDP | 0.206<br>(2.78)*** | 0.211<br>(3.54)*** | 0.287<br>(1.43) | −0.094<br>(−1.49) | 0.152<br>(4.47)*** | 0.010<br>(0.6) |
| Standalone Variable | | | | | | |
| TENU | 0.0008<br>(0.66) | −0.0005<br>(−0.5) | 0.0020<br>(0.6) | −0.0005<br>(−0.26) | −0.0008<br>(−0.65) | −1.360<br>(0.12) |
| CHEN | 0.007<br>(0.98) | 0.001<br>(0.24) | 0.013<br>(0.68) | 0.011<br>(1.11) | 0.009<br>(1.37) | −0.009<br>(−0.41) |
| COMP | 0.006<br>(2.01)** | 0.002<br>(0.88) | 0.006<br>(0.71) | 0.010<br>(2.43)** | 0.006<br>(2.29)** | 0.016<br>(1.74) |
| FCF | −0.086<br>(−2.55)* | −0.103<br>(−3.29)*** | −0.161<br>(−1.62) | −0.239<br>(−5.36)*** | −0.179<br>(−5.65)*** | −0.141<br>(−1.36) |
| DASSE | −0.003<br>(−1.21) | −0.002<br>(−0.78) | −0.003<br>(−0.4) | −0.005<br>(−1.47) | −0.005<br>(−2.17)** | −0.003<br>(−0.43) |
| SCDE | −0.0010<br>(−0.67) | 0.0005<br>(0.04) | 0.047<br>(1.31) | −0.189<br>(−4.92)*** | −0.005<br>(−0.17) | −0.191<br>(−2.54)** |
| RET | −0.010<br>(−2.85)*** | −0.016<br>(−5.59)*** | 0.005<br>(0.55) | −0.008<br>(−1.58) | −0.029<br>(−9.91)*** | −0.0072<br>(−0.66) |
| GDP | 0.009<br>(0.67) | 0.026<br>(2.73)*** | −0.067<br>(−2.21)** | 0.029<br>(1.74)* | 0.033<br>(3.4)*** | 0.047<br>(1.45) |
| SOE | 0.001<br>(0.24) | 0.005<br>(1.35) | −0.013<br>(−1.04) | 0.013<br>(1.76)* | 0.003<br>(0.6) | 0.010<br>(0.6) |
| 年度 | 控制 | | | 控制 | | |
| 二级行业 | 控制 | | | 控制 | | |
| $N$ | 1384 | 1384 | 1384 | 1369 | 1369 | 1369 |
| Adjusted $R^2$ | 0.697 | 0.813 | 0.062 | 0.812 | 0.954 | 0.310 |

注：***、**、*分别在0.01，0.05和0.1的水平上显著。(双尾检验)

### 4.4.6 稳健性检验

为了避免常用的面板数据估计方法的误差，本章对模型 2 进行企业层面的群聚（cluster）回归，即在回归时不仅控制二级行业、年份，同时增加对企业间差异性因素的控制。检验结果如表 4.8 所示，所有重要的结论与表 4.5 的检验结果基本保持一致。

表 4.8　　　　　　检验企业代理问题对成本粘性的影响

| | 符号 | 模型 2（a） | | 模型 2（b） | | 模型 2（c） | |
|---|---|---|---|---|---|---|---|
| | | 回归系数 | Beta 系数 | 回归系数 | Beta 系数 | 回归系数 | Beta 系数 |
| Intercept | ? | 0.034<br>(0.53) | | −0.085<br>(3.23)*** | | −0.134<br>(−1.93)* | |
| Sales change | + | 1.119<br>(23.87)*** | 0.904 | 1.015<br>(78.34)*** | 0.988 | 0.564<br>(15.20)*** | 0.5764 |
| Decdumy * Sales change | − | −0.745<br>(−1.2) | −0.090 | −0.858<br>(−1.64)* | −0.243 | −0.546<br>(−3.38)*** | −0.1848 |
| Interaction Terms (Variable * DecDummy * Sale Change) | | | | | | | |
| TENU | − | −0.012<br>(−0.73) | −0.069 | −0.003<br>(−0.29) | −0.003 | −0.007<br>(−0.2) | −0.0145 |
| CHEN | − | −0.156<br>(−1.43) | −0.026 | −0.0233<br>(−0.39) | −0.003 | −0.154<br>(−0.74) | −0.0174 |
| COMP | + | 0.033<br>(0.68) | 0.101 | 0.066<br>(1.53) | 0.230 | 0.043<br>(2.41)** | 0.1934 |
| FCF | − | −1.753<br>(−1.74)* | −0.043 | −0.622<br>(−1.54) | −0.018 | −2.335<br>(1.505) | −0.0375 |
| DASSE | − | 0.004<br>(0.24) | 0.007 | −0.029<br>(−4.53)*** | −0.039 | −0.009<br>(−0.87) | −0.0717 |
| SCDE | + | −0.042<br>(−0.38) | −0.025 | 0.060<br>(0.94) | 0.010 | −0.089<br>(−0.410) | 0.0022 |
| RET | ? | 0.086<br>(2.15) | 0.029 | −0.005<br>(−0.24) | −0.002 | −0.013<br>(−0.25) | −0.0155 |
| GDP | ? | 0.424<br>(2.15)** | 0.038 | 0.189<br>(5.87)*** | 0.042 | −0.135<br>(−1.06) | −0.0679 |

续表

| | 符号 | 模型 2（a） | | 模型 2（b） | | 模型 2（c） | |
|---|---|---|---|---|---|---|---|
| | | 回归系数 | Beta 系数 | 回归系数 | Beta 系数 | 回归系数 | Beta 系数 |
| Standalone Variables | | | | | | | |
| TENU | | -0.003<br>(-2.02)** | -0.031 | -0.001<br>(-0.78) | -0.004 | 0.001<br>(0.47) | 0.0059 |
| CHEN | | -0.002<br>(-0.16) | -0.004 | 0.007<br>(1.3) | 0.008 | -0.005<br>(-0.3) | -0.0066 |
| COMP | | 0.001<br>(0.28) | 0.006 | 0.005<br>(2.94)*** | 0.016 | 0.011<br>(2.09)** | 0.0368 |
| FCF | | -0.201<br>(-5.13)*** | -0.051 | -0.157<br>(-6.04)*** | -0.038 | -0.145<br>(-1.63) | -0.0412 |
| DASSE | | -0.007<br>(-1.69)* | -0.033 | -0.003<br>(-1.83)* | -0.012 | -0.005<br>(-1.00) | -0.0327 |
| SCDE | | 0.005<br>(0.22) | -0.013 | 0.0003<br>(0.03) | 0.0002 | 0.008<br>(0.18) | 0.0080 |
| RET | | 0.013<br>(0.7) | 0.057 | -0.024<br>(-4.82)*** | -0.092 | -0.003<br>(-0.42) | -0.0117 |
| GDP | | -0.033<br>(-0.8) | -0.068 | 0.047<br>(4.06)*** | 0.076 | 0.007<br>(0.3) | 0.0088 |
| SOE | | -0.011<br>(-2.11)** | -0.014 | 0.003<br>(1.1) | 0.004 | -0.003<br>(-0.38) | -0.005 |
| 年度 | 控制 | | | | | | |
| 二级行业 | 控制 | | | | | | |
| $N$ | | 2975 | | 2975 | | 2975 | |
| Adjusted $R^2$ | | 0.782 | | 0.943 | | 0.278 | |

注：***、**、*分别在0.01，0.05和0.1的水平上显著。（双尾检验）

## 4.5 研究结论与建议

本章对425家A股制造类企业的财务数据进行检验，在控制了企业自身经济特征以及宏观经济周期性变化等因素后发现，代理问题是加重成本粘性程度的重要原因。具体来说，CEO 的任期、更替、薪酬结构和企业自由现金流水平对企业的成本粘性程度都会产生显著影响；同时在较强的公司治理环境中，代理问题对成本粘性程度的强化作用会显著减弱。在进一步分析中，本章按照企业的生命周期进行分组检验后发现，成熟期企业比成长期企业的成本粘性程度更高，并且相比企业自身经济特征，代理问题对成熟期企业成本粘性程度的影响更加显著。本章的实证结果为说明代理问题是影响企业成本粘性程度的重要因素提供了经验证据。

# 第5章　成本粘性、公司治理与高管薪酬业绩敏感性

## 5.1　引言

高管薪酬契约问题一直是学术界的研究热点。基于公司契约的不完全性特征，股东和高管之间存在代理问题，建立科学、有效的高管薪酬激励契约是约束高管自利动机、促使其个人利益与股东利益趋于一致的重要措施。然而大量经验证据表明，高管薪酬契约的激励效果并未实现其设计初衷，薪酬与业绩之间的相关性较低（Baker et al.，1988；魏刚，2000；吴育辉和吴世农，2010）。究竟是什么因素影响高管薪酬与业绩之间的相关性？2008年爆发的金融危机把高管受托责任、薪酬契约有效性等问题推到了社会舆论的浪尖上，如何在变化的经营环境中，制定科学的高管薪酬契约并进行有效实施，对于企业生存和发展至关重要，这构成本章的研究主题。

现有文献多用净利润、净资产收益率等会计指标的标准差替代企业风险（周嘉南和黄登仕，2006；余明桂等，2013），研究风险与高管薪酬契约之间的关系。但是，利润表中滞后的盈余指标更多体现企业滞后的会计信息，并不能够反映经济风险影响下企业潜在的经营风险，不利于股东根据经营环境的变化有效调整高管薪酬契约，提高薪酬业绩敏感性。企业资产的运用及其耗费形成成本和费用，资产负债表中的资产结构和资本结构严重影响利润表中的成本水平和成本结构，因此，资产负债表和利润表内含的成本信息是揭示制造类企业资产结构和资本结构优化程度、企业成本水平高低、波动性大小、盈利水平好坏和持续发展能力的重要指标。Anderson 等（2003）发现，当业务量减少1%，成本减少的比例小于业务量增加1%时成本增加的比例，因此把成本与业务量之间存在的这种非对称性变化定义为成本粘性。从定义上看，成本粘性是收入和成本之间的配比，然而不仅仅如此，成本粘性还反映了宏观经济周期波动下，行业属性和企业资产特征以及高管决策行为所形成的经营风险。具体表

现为：企业在不断变化的宏观经济环境中生存，在市场景气度较高的时期，企业往往不断增加投资，甚至进行过度投资，使得企业出现投资效率低下、产能过剩等现象。伴随外部需求增加，较好的市场前景和营业收入消化了这些问题；当宏观经济步入衰退期，企业外部需求因市场萧条出现下降趋势，然而高昂的成本水平并未随营业收入下滑得到有效缩减，导致企业绩效降低，股东利益遭受巨大损失。因此，成本粘性本质上反映了外部经济风险作用下，企业经营风险随着收入波动被放大的过程。为了直观反映成本粘性对企业风险的影响，本章参考 Aderson 和 Lanen（2007）的研究方法，计算出 2005—2012 年我国制造类上市公司的成本粘性程度，并与 GDP 波动进行比较①。如图 5.1 所示，样本期间我国 GDP 增长率与成本粘性程度的变化呈反向关系，意味着当经济步入繁荣期时，成本粘性程度减弱；而当经济步入衰退期时，成本粘性程度加重。收入和产生收入所耗费成本费用之间的不对称变动程度直观反映出企业遭遇的宏观经济风险和微观经营风险，是影响企业持续经营重要的风险因素。

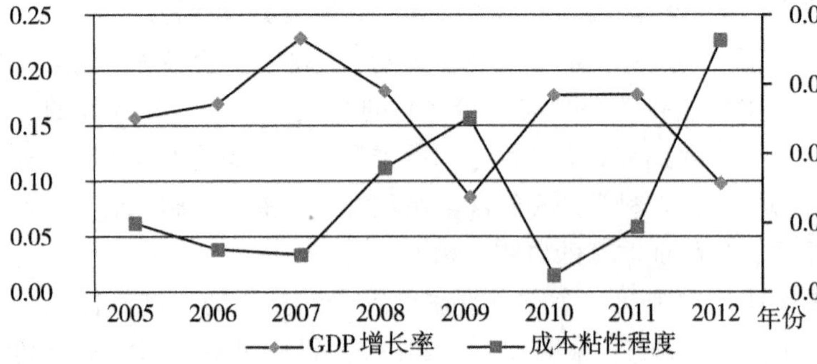


图 5.1　GDP 增长率与企业成本粘性程度

基于以上分析，本章根据成本粘性综合反映外部经济风险和内部经营风险的特点，把成本粘性当作企业风险的替代变量，检验成本粘性对高管薪酬业绩敏感性产生的负向调节作用，以及不同公司治理因素对上述关系的影响。研究结果表明：成本粘性对高管薪酬业绩敏感性形成显著的负向影响。进一步发现，与国有企业相比，民营企业成本粘性降低了高管薪酬业绩敏感性；在民营企业中，随着高管任期增加，成本粘性对高管薪酬业绩敏感性产生的负向作用加重；民营企业的公司透明度越低，成本粘性对高管薪酬业绩敏感性的负向作

① 本节计算成本粘性和 GDP 的数据均来自国泰安数据库。

用越突出。

本章可能的贡献在于：

第一，早期文献大多基于经济学理论，从企业调整成本的视角研究成本粘性问题。自 Chen 等（2012）验证了代理冲突与成本粘性之间的关系之后，代理理论成为解释成本粘性的重要理论。在此基础上，逐渐有学者发现高管的保盈动机和企业内控制度是影响成本粘性的主要因素（Dierynck et al.，2012；Kama and Weiss，2013；Kim et al.，2015）。然而 Chen 等（2014）的研究表明，实施反收购法（ATLs）后，随着销售收入增加，成本粘性程度显著加强；随着销售收入减少，成本粘性却没有明显减弱，这一发现不符合代理理论对成本粘性现象的解释，为学者深入探索成本粘性的成因问题，挖掘影响成本粘性的其他重要因素奠定了基础。本书针对制造类企业的特点，分析在宏观经济风险影响下，行业属性、企业自身特征和高管决策行为形成成本粘性的过程，以及成本粘性增大企业经营风险的作用机理，从风险视角拓展了成本粘性成因及其经济后果问题的研究。

第二，高管薪酬业绩敏感性是反映企业代理问题的重要指标，从风险视角研究高管薪酬业绩敏感性有利于考察高管薪酬契约的制定与兑现环境，提高高管薪酬契约有效性。现有研究企业风险的文献大多用盈利标准差或$\beta$值替代风险（周嘉南和黄登仕，2006；陈震和凌云，2013），而这些指标并不能较好地反映企业的经营风险。本章利用成本粘性能够及时反映企业经营环境变化、资产特征和高管决策的特点，把成本粘性当作度量企业风险的指标，研究制造业企业的经营风险来源，及其对高管薪酬业绩敏感性的影响，丰富了企业风险和高管薪酬方面的研究。

## 5.2 理论分析与研究假设

### 5.2.1 成本粘性与高管薪酬业绩敏感性

宏观经济周期性波动影响企业收入，在行业属性、资产特征以及高管决策行为等因素的共同作用下，成本与收入之间的不对称变化形成成本粘性，并反映企业的经营风险水平。具体表现在以下三个方面：

（1）成本粘性反映宏观经济周期性波动情形下企业遭遇的经济风险。宏观经济不确定性是指宏观经济经历由繁荣到衰退的周期性更替过程，由于企业在循环变动的经济周期中生存和发展，动态变化的宏观经济环境对微观企业的投资和融资行为有重要的影响（应惟伟，2008；江龙和刘笑松，2011；江龙等，2013）。根据成本粘性的特点，当收入下降，约束性成本和酌量性成本在短期内未能得到有效削减，成本下降的幅度小于收入下降的幅度，成本粘性的形成与收入变化有着密不可分的关系。企业收入变化会受到经济发展态势等宏观经济因素的影响。具体而言，当宏观经济处于繁荣期，人们的收入以及消费水平都会出现较好的增长趋势，良好的产品市场需求有利于促进企业扩大生产规模；当宏观经济步入衰退期，市场规模随着人们消费能力和动机的减弱而减小，企业经营状况由于产品市场需求的减少逐渐呈现下降趋势，因此，宏观经济周期性波动使得企业的投资行为与经济周期的变化具有“顺周期性”特征。企业在经济繁荣期的大规模扩张行为虽然被良好的市场需求掩盖，然而一旦经济走势下滑，企业过度投资形成的效率低下等问题就会逐渐暴露出来。由于高昂的成本不能得到及时控制，成本与收入变动之间的非对称性状态加剧，虚增的企业规模严重影响企业运行效率，将给股东带来风险和损失。综合上述分析，成本粘性问题的根源是收入水平波动，是宏观经济不确定性对企业经营形成的影响，因而成本粘性反映了宏观经济周期性波动情形下企业遭受的经济风险。

（2）成本粘性放大了宏观经济风险作用下企业的经营风险。自 Anderson 等（2003）首次通过大样本的实证方法证实美国公众公司存在成本粘性现象之后，众多学者从行业层面和企业特征层面对成本粘性的影响因素进行研究。不同行业企业的主营业务收入和成本构成不同。相比其他行业，制造类上市公司生产资源投入较大，为了节省调整成本，企业往往会选择签订长期契约。当经营环境发生变化，长期契约使成本缺乏向下的弹性，导致企业在短期内无法及时有效削减约束性成本，成本粘性程度加重。虽然资本密集度和资产专用性体现了制造类企业的市场定位和核心竞争力，也会构成风险因素。一旦经营环境恶化，资产使用主体和用途的改变会产生巨大的资产价值减损，成本与收入变动的非对称性状态加剧，企业经营风险大幅度增加。因此成本粘性反映了宏观经济风险作用下企业的经营风险。

（3）成本粘性加大了宏观经济风险作用下的决策风险。在宏观经济周期性波动的情形下，外部经营环境变化不利于高管准确预估未来现金流水平，导致决策风险增加。Banker 等（2014）发现，当未来市场需求存在高度不确定性，乐观的管理者在销售量下降时会保留部分多余的生产能力，在销售量上升时更愿意增加投资，提高生产能力。Chen 等（2013）也发现过度自信的高管乐观估计未来销售收入，认为销售量下降只是源于短期经济波动，不需要立即对资源和成本进行调整，导致成本粘性程度加重，企业风险水平增加。

以上分析表明，成本粘性同时受到宏观经济因素和内部经营风险的影响，构成加剧企业风险的重要因素。那么，成本粘性作为风险因素，对高管薪酬业绩敏感性产生的作用机制是什么呢？由于高昂的成本水平无法有效缩减，盈余波动幅度增加，不规则性变化特征增强，契约兑现的环境发生变化，不利于企业股东和其他利益相关者对企业绩效进行有效评价。为了说明成本粘性与企业盈余波动之间的关系，本章计算 2005—2012 年我国制造业上市公司企业财务分析师盈余预测准确程度的数据，并与成本粘性程度的变化进行对比。① 如图 5.2 所示，样本期间制造类企业成本粘性程度与财务分析师盈余预测误差变化的态势基本趋同，意味着当成本粘性程度发生波动，盈余波动的不规则程度加强，财务分析师盈余预测的误差增大。非规则化变化、含有噪音的企业绩效水平不能够准确衡量高管的努力程度，在此基础上建立的高管薪酬契约有效性降低，丧失其应有的激励效果，高管有动机利用损害股东利益的机会主义行为来维护个人利益，进而导致高管与股东之间的风险承担水平差异增加，所有者与经营者之间的代理矛盾被激化，高管薪酬与企业绩效之间的敏感性进一步降低。

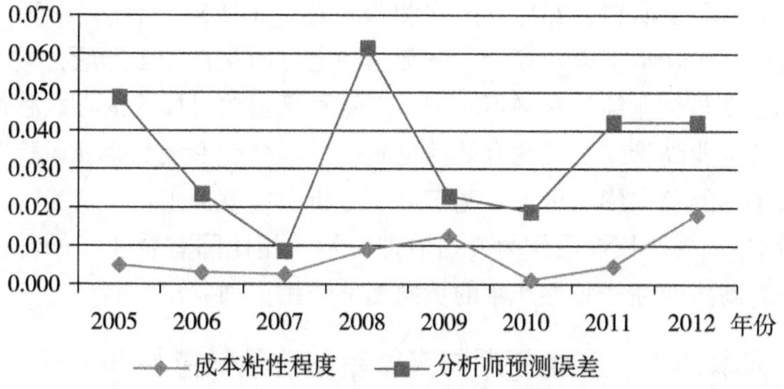


图 5.2 成本粘性程度与分析师预测误差

基于以上分析，成本粘性反映了宏观经济周期波动下，企业的行业属性、资产特征以及高管决策行为等因素共同作用放大的经营风险，随着成本粘性程度加重，企业潜在的经营风险增大，高管努力程度与企业绩效水平之间的匹配性降低，高管薪酬业绩敏感程度下降，即成本粘性对高管薪酬业绩敏感性形成

① 本节计算成本粘性和分析师预测准确程度的数据均来自国泰安数据库。

负向影响。因此本章提出：

**假设 H1**：成本粘性对高管薪酬敏感性存在负向调节作用。

### 5.2.2　成本粘性、产权性质与高管薪酬业绩敏感性

基于我国特殊的制度背景，国有企业和民营企业高管薪酬契约制定标准以及公司治理环境方面存在较大差异，成本粘性对高管薪酬契约有效性产生的作用也不同。从经营目标和风险承担的角度分析，国有企业是我国宏观政策付诸实施的主要载体和工具，承担维持国民经济稳定、提供公共服务、增加社会就业、维持社会稳定等多方面的职能，在实现盈利目标的同时还兼顾促进当地经济发展、减少失业率等目标，因而高管的决策行为经常会偏离股东利益最大化的基本目的。从企业的市场功能角度分析，国有企业的市场定位不仅仅包含竞争，还担负稳定社会秩序等社会责任，因此企业风险承担水平过低。与民营企业相比，国资委及政府部门对国有企业高管的考核并不局限于企业绩效水平，在高管薪酬契约制定的过程中，更加注重团队贡献、短期绩效以及相对公平性等因素，而高管的努力程度与企业绩效水平之间的相关性不高，薪酬业绩敏感性较低（陈冬华等，2005；吕长江等，2009；权小锋等，2010；周仁俊等，2010；李文贵和余明桂，2012；田妮和张宗益，2015）。因此，由于国有企业在经营目标、风险承担以及高管薪酬契约制定方面存在较多问题，国有企业高管的努力程度与企业绩效水平不匹配，高管薪酬契约对风险缺乏敏感性。相比之下，民营企业高管薪酬契约有效性更高，成本粘性形成的企业风险对高管薪酬业绩敏感性的负向影响更大。基于以上分析，本章提出：

**假设 H3**：将产权性质作为公司治理变量，相比国有企业，民营企业成本粘性对高管薪酬业绩敏感性产生的负向调节作用更加突出。

### 5.2.3　成本粘性、高管任期与高管薪酬业绩敏感性

产权性质不同导致企业的经营和考核目标、风险承担水平等对高管薪酬契约敏感性形成影响，高管任期也是作用于成本粘性与高管薪酬业绩敏感性关系的重要因素。虽然较长的任期能增加 CEO 的经验，对组织有利；但是，较长的任期意味着高管更有可能用自利行为增加个人报酬（Hill and Phan，1991）。高管任期越长，越有可能在公司内部组建联盟和积聚权力，并通过影响甚至控制董事会来谋取控制权私利，损害股东利益（Berger et al.，1997；Bebchuk and Fried，2003；肖继辉和孟婷，2015）。因此较长的任期会增大高管权力，增加与企业主营业务不相关的多元化投资，这些盲目的投资行为降低了企业价

值，但是高管却获得了更多的非货币性利益，弥补了经营环境不确定给高管带来个人收益的减少。在此过程中，高管个人风险承担水平降低，企业的风险承担水平增加，两者之间的差异加重了企业代理问题，导致高管薪酬业绩敏感性下降，风险与高管薪酬契约之间的负相关关系更加显著。然而对于国有企业来说，大多数高管的任用机制并不是通过公开选聘的方式，而是由上市公司的母公司或上级单位委派，再经董事会、股东大会形式化选举产生，这类经营者既不是严格意义上的政府官员，也不是真正的职业经理人。身兼“政治人”和“经济人”（杨瑞龙等，2013）身份的国有企业高管大多有政治晋升目标，与期望长期稳定发展的民营企业高管不同。由于国企高管更替频繁，国有企业成为高管晋升更高级别领导的跳板（郑志刚等，2012）。因此，由于国有企业高管任职期限相对较短，内部更换较为频繁，任期对高管机会主义动机的影响较弱；而在民营企业中，随着任期增加，高管的机会主义动机增大，成本粘性形成的企业风险对高管薪酬业绩敏感性产生的负向影响更大。基于以上分析，本章提出：

**假设 H3**：将高管任期作为公司治理变量，高管任期较长的民营企业，成本粘性对高管薪酬业绩敏感性的负向调节作用更加突出。

### 5.2.4 成本粘性、公司透明度与高管薪酬业绩敏感性

现有研究表明，企业增加信息披露，不仅有利于提升资本市场资源配置效率，还能够降低企业融资成本，有效抑制高管的盈余操纵行为（曾颖和陆正飞，2006；张宗新等，2007），提高公司透明度帮助企业缓解信息不对称问题，使高管的经营行为受到更好的监督，由于高管的个人机会主义动机得到了相对较好的约束，企业风险对高管薪酬业绩敏感性产生的负向作用会减弱。然而对于国有企业来说，政府干预使企业的经营目标函数发生转移，公司透明度不能够较好地替代公司治理水平。原因在于：国有企业的经营目标中过多综合了实现社会福利、解决市场失灵等诸多方面内容，政府有动机通过把信息聚集在公司内部等措施，用信息不对称来掩盖这一偏离行为（高雷和宋顺林，2007）。因此相比国有企业，民营企业的公司透明度提高有利于约束高管的经营行为与机会主义动机，进而缓解企业风险与高管薪酬业绩敏感性之间的负相关关系；相反，民营企业公司透明度降低，高管机会主义动机增强，成本粘性形成的企业风险对高管薪酬业绩敏感性产生的负向影响更大。因此本章提出：

**假设 H4**：将公司透明度作为公司治理变量，透明度较低的民营企业，成本粘性对高管薪酬业绩敏感性的负向调节作用更加突出。

## 5.3　研究设计

### 5.3.1　样本与数据

本章选取 A 股市场 2005—2012 年的制造类上市公司作为样本，为了使研究结果具有一般性意义，剔除了 ST 类样本以及样本期间更换行业的样本，通过搜集和整理，最终得到 425 家企业。样本数据均来自国泰安数据库和巨潮资讯网。

### 5.3.2　模型设定与变量选择

为了验证高管薪酬业绩敏感性，我们参照辛清泉和谭伟强（辛清泉和谭伟强，2009）的方法建立检验高管薪酬业绩敏感性模型，根据前文提出的假设，增加成本粘性变量（dcs）及成本粘性变量（dcs）与企业绩效变量（roe）的交互变量，并且按照样本企业的产权性质、高管任期以及公司透明度进行分组检验：

$$\mathrm{Pay}_{it} = \alpha_0 + \alpha_1 \mathrm{roe}_{it} + \alpha_2 \mathrm{dcs}_{it} + \alpha_3 \mathrm{roe}_{it} \times \mathrm{dcs}_{it} + \alpha_4 \mathrm{size}_{it} + \alpha_5 \mathrm{top}_{it} + \alpha_6 \mathrm{leve}_{it} + \alpha_7 \mathrm{risk}_{it} + \alpha_8 \mathrm{loss} + \sum \mathrm{industry} + \sum \mathrm{area} + \sum \mathrm{year} + \varepsilon_{it} \quad (1)$$

在模型中，用上市公司的净资产收益率（roe）替代企业绩效，以上市公司前三位高管薪酬总和的对数作为高管薪酬的替代变量。根据成本粘性的定义，在具有成本粘性的企业中，随着收入上升，成本水平逐渐上升；然而当营业收入下降时，成本水平也不会立即下降或者下降的幅度很小。因此本章参考 Aderson 和 Lanen（2007）的做法，将企业成本的变动率定义为当期和上一期的成本随收入变动幅度之差，同时设定当期企业的营业收入是否低于上一期营业收入（$D^{\mathrm{rev}}$）、成本变动率（$D^{\mathrm{cost}}$）是否大于零两个条件来区分有成本粘性企业和无成本粘性企业（包含成本粘性程度为零和反粘性企业），以此量化企业的成本粘性程度 CS 变量，并设置 dcs 哑变量，成本粘性程度 CS 大于零时 dcs 为 1，小于或等于零时 dcs 取 0。

$$\mathrm{cost\_ratio} = \frac{\mathrm{cost}_{i,t}}{\mathrm{rev}_{i,t}} - \frac{\mathrm{cost}_{i,t-1}}{\mathrm{rev}_{i,t-1}} \quad (2)$$

$$\mathrm{CS} = \mathrm{cost\_ratio} \times D^{\mathrm{rev}} \times D^{\mathrm{cost}} \quad (3)$$

其中，$D^{\mathrm{rev}}$ 和 $D^{\mathrm{cost}}$ 是哑变量，当 $\frac{\mathrm{rev}_{i,t}}{\mathrm{rev}_{i,t-1}} < 1$ 时，$D^{\mathrm{rev}}$ 取 1，否则取 0。当

cost_radio>0 时，$D^{cost}$ 取 1；否则取 0。

本章把财务分析师预测误差（absfe）变量作为公司透明度（obs）的替代变量，并参考 Lang 和 Lundholm（1996）的做法，用以下公式来计算财务分析师预测的误差：

$$FE_{i,t}=\frac{actualEPS_{i,t}-consensusFORCAST_{i,t}}{price_{i,t-1}} \tag{4}$$

$$ABS\_FE_{i,t}=|FE_{i,t}| \tag{5}$$

其中，consensusFORCAST 指企业在年报披露前一个月内所有财务分析师最近一次预测 EPS 的均值，actualEPS 指企业年报中披露的 EPS 值。

同时，考虑到企业特征、公司治理环境和企业经营状况对高管薪酬业绩敏感性的影响，在模型中增加了公司规模、资产负债率、盈利波动、第一大股东持股比例和亏损哑变量作为控制变量。具体变量说明如表 5.1 所示：

表 5.1　**变量说明表**

| 变量符号 | 变量名称 | 变量说明 |
| --- | --- | --- |
| pay | 高管薪酬 | 本年度前三名高管薪酬总和的对数 |
| roe | 企业绩效 | 净资产收益率 |
| dcs | 成本粘性 | 根据计算的成本粘性程度设定哑变量，成本粘性程度 CS 大于零时为 1，小于等于零时取 0 |
| size | 资产规模 | 企业本年度总资产的对数 |
| top | 第一大股东持股 | 第一大股东持股比例 |
| leve | 资产负债率 | 本期资产与负债的比例 |
| risk | 盈利波动 | 本期至滞后 5 期之间企业总资产收益率的波动 |
| loss | 是否亏损 | 虚拟变量，本期企业发生亏损取 1，否则取 0 |
| soe | 产权性质 | 虚拟变量，参照国泰安数据库实际控制人性质分类：国有企业取 1，否则取 0 |
| tenure | CEO 任期 | 截至本期 CEO 的任职时间 |
| obs | 公司透明度 | 财务分析师预测误差 |
| industry | 行业哑变量 | 根据制造类二级行业设定 |
| area | 地区哑变量 | 根据东、中和西部地区设定 |
| year | 年度哑变量 | 根据样本年度区间设定 |

# 5.4　实证检验与分析

## 5.4.1　描述性统计

表 5.2 是样本主要变量的描述性统计，每个变量的第一行为总样本统计量，第二行为国有企业样本的统计量，第三行为民营企业样本的统计量。从表中的数据可以看到，样本中国有企业和民营企业高管的现金薪酬水平差异不大。从企业绩效指标看，国有企业的净资产收益率略低于民营企业的净资产收益率。从成本粘性指标看，样本中有成本粘性的国有企业和民营企业的比例基本相同，民营企业所占的比例略高。同时从任期和公司透明度指标来看，国有企业 CEO 任期低于民营企业 CEO 任期；国有企业公司透明度略高于民营企业公司透明度。

表 5.2　**主要变量描述统计**

| 变量 | *N* | 均值 | 中位数 | 标准差 |
|---|---|---|---|---|
| pay | 2940 | 13.598 | 13.607 | 0.802 |
|  | 1949 | 13.536 | 13.559 | 0.774 |
|  | 991 | 13.530 | 13.514 | 0.843 |
| roe | 2940 | 0.076 | 0.067 | 0.262 |
|  | 1949 | 0.070 | 0.065 | 0.281 |
|  | 991 | 0.083 | 0.072 | 0.266 |
| dcs | 2940 | 0.131 | 0 | 0.338 |
|  | 1949 | 0.105 | 0 | 0.306 |
|  | 991 | 0.112 | 0 | 0.316 |
| tenure | 2940 | 2.968 | 2.58 | 2.067 |
|  | 1949 | 2.860 | 2.58 | 1.998 |
|  | 991 | 3.179 | 2.67 | 2.182 |
| obs | 2940 | 0.031 | 0.014 | 0.051 |
|  | 1949 | 0.032 | 0.013 | 0.056 |
|  | 991 | 0.029 | 0.016 | 0.039 |

注：本表已经对各个变量两端按 1%进行 winsorize 处理。

### 5.4.2 多元线性回归分析

为了控制企业自身特征因素对样本企业高管薪酬业绩敏感性的影响，本章拟用固定效应模型进行相关假设检验。我们用 Hausman 检验固定效应和随机效应，检验结果显示，chi2 统计量是 73.61，并且在 1%水平下显著，因此适合用固定效应模型。首先，对总样本及按照产权性质分类的国有企业和民营企业两个分样本进行检验。实证检验结果如表 5.3 所示，总样本和分样本中企业绩效变量（roe）的系数均在 1%水平下显著为正值（1.074，$t=10.18$；1.206，$t=9.12$；0.643，$t=3.34$），说明国有企业和民营企业中高管薪酬与业绩之间存在敏感性。总样本中企业绩效变量与成本粘性变量的交互项（roe×dcs）系数显著为负值（-3.904，$t=-5.14$），在 1%水平下显著，说明成本粘性显著降低了高管薪酬业绩敏感性，假设 H1 成立。其次在国有企业分样本中，交互项（roe×dcs）的系数（-0.463，$t=-0.20$）未达到显著水平，说明国有企业高管的薪酬业绩敏感性并没有由于成本粘性显著降低；在民营企业分样本中，交互项（roe×dcs）的系数（-3.896，$t=-4.46$）为负值，在 1%水平下显著，说明由于存在成本粘性，民营企业高管薪酬业绩敏感性显著降低，检验结果支持本章假设 H2。

表 5.3 **成本粘性、产权性质与高管薪酬业绩敏感性**

| 变量 | 高管薪酬业绩敏感性 | | |
|---|---|---|---|
| | 总样本 | 国企样本 | 民营样本 |
| dcs | 0.024<br>(0.94) | 0.064**<br>(2.11) | -0.023<br>(-0.46) |
| roe | 1.074***<br>(10.18) | 1.206***<br>(9.12) | 0.643***<br>(3.34) |
| roe×dcs | -3.904***<br>(-5.14) | -0.463<br>(-0.20) | -3.896***<br>(-4.46) |
| soe | -0.056*<br>(-1.65) | - | - |
| top | -0.002<br>(-1.49) | -0.000<br>(-0.12) | -0.002<br>(-0.88) |
| part | 0.071*<br>(1.89) | -0.039<br>(-0.79) | 0.150**<br>(2.49) |

续表

| 变量 | 高管薪酬业绩敏感性 | | |
|---|---|---|---|
| | 总样本 | 国企样本 | 民营样本 |
| leve | -0.186**<br>(-2.13) | -0.247**<br>(-2.13) | -0.037<br>(-0.24) |
| risk | -0.245<br>(-1.14) | 0.362<br>(1.16) | -0.753**<br>(-2.18) |
| size | 0.164***<br>(6.56) | 0.184***<br>(6.28) | 0.109**<br>(2.22) |
| loss | -0.014<br>(-0.38) | 0.014<br>(0.32) | -0.043<br>(-0.58) |
| _cons | 10.754***<br>(18.28) | 10.018***<br>(14.61) | 12.408***<br>(11.19) |
| Industry D | Yes | Yes | Yes |
| Area D | Yes | Yes | Yes |
| Year D | Yes | Yes | Yes |
| $N$ | 2940 | 1949 | 991 |
| $R^2$ | 0.531 | 0.529 | 0.511 |
| $F$ 值 | 117.607 | 90.350 | 36.687 |

注：***、**、*分别表示在 0.01、0.05 和 0.1 的水平上显著。

在表 5.4 中，分别以国有企业和民营企业 CEO 的任期中位数作为划分样本的标准，对假设 H3 进行检验。检验结果如表 5.4 所示，在国有企业样本中，当高管任期大于等于中位数时，交互项（roe×dcs）的系数（-5.531，$t$=-1.55）不显著；当高管任期小于中位数时，交互项（roe×dcs）的系数（2.245，$t$=0.71）也未达到显著程度，说明任期长短对于成本粘性降低高管薪酬业绩敏感性关系并不存在显著影响。在民营企业样本中，高管任期大于等于中位数时，交互项（roe×dcs）的系数（-4.986，$t$=-5.53）为负值，在 1%水平下显著；当高管任期小于中位数时，交互项（roe×dcs）的系数（2.488，$t$=0.83）未达到显著水平，说明在民营企业样本中，高管任期增加会加重成本粘性与高管薪酬业绩敏感性之间的负相关关系。以上检验结果表明，相比国有企业，民营企业高管任期对成本粘性与高管薪酬业绩敏感性关系的负向调节作用更加显著，假设 H3 成立。

表 5.4 成本粘性、高管任期与高管薪酬业绩敏感性

| 变量 | 高管薪酬业绩敏感性 | | | |
|---|---|---|---|---|
| | 国有企业 | | 民营企业 | |
| | 任期>=中位数 | 任期<中位数 | 任期>=中位数 | 任期<中位数 |
| dcs | -0.007<br>(-0.14) | 0.133***<br>(2.98) | -0.028<br>(-0.44) | 0.057<br>(0.64) |
| roe | 1.440***<br>(6.56) | 1.181***<br>(5.90) | 0.575**<br>(2.22) | 0.458<br>(1.24) |
| roe×dcs | -5.531<br>(-1.55) | 2.245<br>(0.71) | -4.986***<br>(-5.53) | 2.488<br>(0.83) |
| top | -0.007**<br>(-2.08) | 0.002<br>(0.82) | -0.000<br>(-0.08) | -0.001<br>(-0.21) |
| part | -0.120<br>(-1.18) | -0.018<br>(-0.26) | 0.268***<br>(2.96) | 0.185*<br>(1.91) |
| leve | -0.224<br>(-1.00) | -0.037<br>(-0.22) | -0.326<br>(-1.43) | 0.263<br>(0.90) |
| risk | 0.069<br>(0.08) | 0.801<br>(1.52) | -0.963<br>(-1.62) | -2.589*<br>(-1.71) |
| size | 0.221***<br>(4.37) | 0.181***<br>(3.87) | 0.165**<br>(2.44) | 0.028<br>(0.30) |
| loss | 0.071<br>(1.09) | -0.010<br>(-0.15) | -0.128<br>(-1.37) | 0.006<br>(0.05) |
| _cons | 9.439***<br>(8.68) | 9.794***<br>(9.36) | 10.145***<br>(6.88) | 13.451***<br>(6.91) |
| Industry D | Yes | Yes | Yes | Yes |
| Area D | Yes | Yes | Yes | Yes |
| Year D | Yes | Yes | Yes | Yes |
| $N$ | 925 | 1024 | 520 | 471 |
| $R^2$ | 0.456 | 0.501 | 0.558 | 0.474 |
| $F$ 值 | 34.543 | 35.563 | 23.207 | 13.498 |

注：***、**、*分别表示在0.01、0.05和0.1的水平上显著。

在表 5.5 中，分别以国有企业和民营企业分样本的公司透明度为划分标准，按照其中位数进行分组，对假设 H4 进行检验。检验结果如表 5.5 所示，在国有企业样本中，当公司透明度大于等于中位数时，交互项（roe×dcs）的系数（31.912，$t=1.26$）未达到显著水平；当公司透明度小于中位数时，交互项（roe×dcs）的系数（0.045，$t=0.02$）未达到显著水平，表明在国有企业分样本中，公司透明度不能显著影响成本粘性与高管薪酬业绩敏感性之间的负相关关系。在民营企业样本中，当公司透明度大于或等于中位数时，交互项（roe×dcs）的系数（-3.852，$t=-1.04$）未达到显著水平；当公司透明度小于中位数时，交互项（roe×dcs）的系数（-3.302，$t=-3.06$）为负值，在 1%水平显著，表明在民营企业样本中，公司透明度降低会显著增加成本粘性与高管薪酬业绩敏感性之间的负相关关系。研究结果表明，在民营企业中，较低的公司透明度会加重公司内部和外部的信息不对称程度，增大成本粘性对高管薪酬业绩敏感性的降低作用，然而在国有企业中并未得出同样的结论。假设 H4 成立。

表 5.5　　**成本粘性、公司透明度与高管薪酬业绩敏感性**

| 变量 | 高管薪酬业绩敏感性 | | | |
|---|---|---|---|---|
| | 国有企业 | | 民营企业 | |
| | 透明度>=中位数 | 透明度<中位数 | 透明度>=中位数 | 透明度<中位数 |
| dcs | 0.035<br>(0.35) | 0.059*<br>(1.67) | 0.475*<br>(1.72) | -0.037<br>(-0.61) |
| roe | 1.521***<br>(5.09) | 0.991***<br>(5.17) | 1.887***<br>(4.10) | 0.424<br>(1.57) |
| roe×dcs | 31.912<br>(1.26) | 0.045<br>(0.02) | -3.852<br>(-1.04) | -3.302***<br>(-3.06) |
| top | -0.004<br>(-1.07) | 0.000<br>(0.21) | 0.005<br>(1.07) | -0.003<br>(-1.00) |
| part | 0.012<br>(0.10) | -0.031<br>(-0.48) | 0.285**<br>(2.49) | 0.170*<br>(1.91) |
| leve | -0.133<br>(-0.60) | -0.273*<br>(-1.65) | 0.204<br>(0.69) | -0.158<br>(-0.71) |
| risk | -0.010<br>(-0.03) | 1.298**<br>(2.14) | -1.918**<br>(-2.07) | -0.781<br>(-1.62) |

续表

| 变量 | 高管薪酬业绩敏感性 | | | |
|---|---|---|---|---|
| | 国有企业 | | 民营企业 | |
| | 透明度>=中位数 | 透明度<中位数 | 透明度>=中位数 | 透明度<中位数 |
| size | 0.170*** (2.88) | 0.187*** (4.42) | 0.130 (1.21) | 0.082 (1.24) |
| loss | -0.046 (-0.26) | -0.050 (-0.98) | -0.670 (-0.92) | -0.054 (-0.57) |
| _cons | 10.389*** (8.10) | 9.915*** (10.84) | 10.760*** (4.71) | 12.205*** (8.70) |
| Industry D | Yes | Yes | Yes | Yes |
| Area D | Yes | Yes | Yes | Yes |
| Year D | Yes | Yes | Yes | Yes |
| $N$ | 843 | 1106 | 406 | 585 |
| $R^2$ | 0.563 | 0.499 | 0.552 | 0.482 |
| $F$ 值 | 44.200 | 43.139 | 15.419 | 20.228 |

注：***、**、*分别表示在0.01、0.05和0.1的水平上显著。

### 5.4.3 稳健性检验

为了克服模型可能存在的内生性问题，使研究结果更加稳健，本章用两阶段最小二乘法和倾向性匹配方法进行稳健性检验。

（1）两阶段最小二乘法。本章按照样本企业年报披露的各项营业收入占总收入百分比的平方和计算出代表业务集中度的 HHI 指数作为工具变量。原因是：理论上，制造业企业的业务集中度越高，说明资产专用性较强，因此增加成本粘性程度的可能性就越大，同时业务集中度与高管薪酬业绩敏感性不相关。因此本章把企业的业务集中度作为工具变量，用两阶段最小二乘法来验证前文结论。在第一阶段回归中，我们利用工具变量业务集中度以及前文模型中的控制变量一起对成本粘性变量进行回归，检验结果如表5.6所示，工具变量与成本粘性变量在5%水平上显著为正，并且 $F$ 统计量显著，表明工具变量是有效的。

表 5.6　　　　工具变量法第一阶段回归

| | 被解释变量：成本粘性 |
|---|---|
| IV：业务集中度 | 0.041** |
| | (2.10) |
| $N$ | 2813 |
| Centered $R^2$ | 0.166 |
| $F$ 统计量 | 26.47*** |
| $F$ 统计量（for excluded instrument） | 4.40* |

表 5.7、表 5.8 和表 5.9 是用工具变量法进行的第二阶段回归结果。其中 Sargan 检验统计量和 $P$ 值表明，检验结果不能拒绝原假设，即本章选择的工具变量是外生变量，并且各个模型的检验结果总体上和前文检验结果一致，因此支持本章假设。

表 5.7　　　　成本粘性、产权性质与高管薪酬业绩敏感性

| 变量 | 高管薪酬业绩敏感性 | | |
|---|---|---|---|
| | 总样本 | 国企样本 | 民营样本 |
| dcs | -0.138*** | -0.019 | -0.256*** |
| | (-3.12) | (-0.38) | (-3.28) |
| roe | 0.235*** | 1.576*** | 0.106* |
| | (4.93) | (11.09) | (1.82) |
| roe×dcs | -3.610*** | 4.552 | -4.520*** |
| | (-2.84) | (1.26) | (-3.26) |
| soe | -0.036 | | |
| | (-1.28) | | |
| top | -0.003*** | -0.005*** | 0.001 |
| | (-3.17) | (-4.32) | (0.66) |
| part | 0.140*** | 0.027 | 0.278*** |
| | (3.32) | (0.50) | (4.40) |
| leve | -0.221*** | -0.225** | -0.116 |
| | (-2.68) | (-2.26) | (-0.84) |

续表

| 变量 | 高管薪酬业绩敏感性 | | |
|---|---|---|---|
| | 总样本 | 国企样本 | 民营样本 |
| risk | 0.623***<br>(3.79) | 0.473**<br>(2.26) | 0.286<br>(1.11) |
| size | 0.319***<br>(20.55) | 0.263***<br>(13.73) | 0.368***<br>(13.81) |
| loss | -0.269***<br>(-5.02) | 0.064<br>(0.91) | -0.210**<br>(-2.15) |
| _cons | 6.810***<br>(13.77) | 7.993***<br>(13.55) | 5.644***<br>(6.56) |
| Industry D | Yes | Yes | Yes |
| Area D | Yes | Yes | Yes |
| Year D | Yes | Yes | Yes |
| $N$ | 2813 | 1852 | 961 |
| $R^2$ | 0.342 | 0.390 | 0.366 |
| $F$ | 53.623 | 46.645 | 21.613 |
| Sargan 统计量 | 1.542 | 4.857 | 0.833 |
| $P$ 值 | 0.2143 | 0.0275 | 0.3613 |

注：***、**、*分别表示在0.01、0.05和0.1的水平上显著。

表5.8　**成本粘性、高管任期与高管薪酬业绩敏感性**

| 变量 | 高管薪酬业绩敏感性 | | | |
|---|---|---|---|---|
| | 国有企业 | | 民营企业 | |
| | 任期>=中位数 | 任期<中位数 | 任期>=中位数 | 任期<中位数 |
| dcs | 0.026<br>(0.34) | -0.017<br>(-0.24) | -0.192*<br>(-1.85) | -0.234*<br>(-1.94) |
| roe | 2.508***<br>(10.54) | 1.090***<br>(6.11) | 0.600***<br>(4.34) | -0.018<br>(-0.22) |

续表

| 变量 | 高管薪酬业绩敏感性 | | | |
|---|---|---|---|---|
| | 国有企业 | | 民营企业 | |
| | 任期>=中位数 | 任期<中位数 | 任期>=中位数 | 任期<中位数 |
| roe×dcs | -0.341<br>(-0.06) | 9.105**<br>(1.99) | -6.895***<br>(-4.74) | 0.925<br>(0.24) |
| top | -0.004**<br>(-2.55) | -0.005***<br>(-3.56) | 0.003<br>(1.51) | -0.002<br>(-0.90) |
| part | 0.015<br>(0.20) | 0.026<br>(0.31) | 0.167**<br>(2.23) | 0.255**<br>(2.38) |
| leve | -0.159<br>(-1.10) | -0.220<br>(-1.60) | -0.131<br>(-0.72) | -0.086<br>(-0.42) |
| risk | 0.278<br>(0.48) | 0.467**<br>(2.10) | 0.132<br>(0.37) | -0.218<br>(-0.54) |
| size | 0.277***<br>(10.18) | 0.266***<br>(10.33) | 0.355***<br>(10.10) | 0.345***<br>(8.67) |
| loss | 0.179*<br>(1.78) | -0.016<br>(-0.17) | -0.192<br>(-1.43) | -0.146<br>(-1.00) |
| _cons | 7.740***<br>(13.50) | 8.067***<br>(14.70) | 6.077***<br>(8.16) | 6.438***<br>(7.53) |
| Industry D | Yes | Yes | Yes | Yes |
| Area D | Yes | Yes | Yes | Yes |
| Year D | Yes | Yes | Yes | Yes |
| N | 874 | 978 | 504 | 457 |
| $R^2$ | 0.392 | 0.349 | 0.414 | 0.309 |
| $F$ | 26.171 | 24.435 | 17.090 | 9.251 |
| Sargan 统计量 | 0.737 | 3.724 | 1.058 | 1.080 |
| $P$ 值 | 0.3905 | 0.0536 | 0.3037 | 0.2986 |

注：***、**、*分别表示在 0.01、0.05 和 0.1 的水平上显著。

表 5.9　**成本粘性、公司透明度与高管薪酬业绩敏感性**

| | 高管薪酬业绩敏感性 | | | |
|---|---|---|---|---|
| | 国有企业 | | 民营企业 | |
| | 透明度>=中位数 | 透明度<中位数 | 透明度>=中位数 | 透明度<中位数 |
| dcs | 0.001<br>(0.01) | -0.010<br>(-0.16) | -0.130<br>(-0.55) | -0.185**<br>(-2.15) |
| roe | 2.585***<br>(10.15) | 1.064***<br>(5.89) | 2.843***<br>(8.52) | 0.067<br>(1.03) |
| roe×dcs | 24.866<br>(0.71) | 7.619**<br>(2.05) | 6.158*<br>(1.86) | -4.075***<br>(-2.85) |
| top | -0.004**<br>(-2.56) | -0.006***<br>(-4.13) | -0.000<br>(-0.21) | -0.002<br>(-0.70) |
| part | 0.026<br>(0.31) | 0.032<br>(0.45) | 0.349***<br>(4.11) | 0.204**<br>(2.46) |
| leve | -0.239<br>(-1.59) | -0.121<br>(-0.92) | -0.212<br>(-1.08) | 0.076<br>(0.43) |
| risk | 0.206<br>(0.71) | 0.499*<br>(1.69) | -0.290<br>(-0.68) | 0.094<br>(0.30) |
| size | 0.215***<br>(7.11) | 0.293***<br>(12.03) | 0.314***<br>(8.14) | 0.348***<br>(10.03) |
| loss | 0.084<br>(0.33) | -0.025<br>(-0.33) | 0.743<br>(1.53) | -0.160<br>(-1.53) |
| _cons | 9.089***<br>(14.32) | 7.485***<br>(14.34) | 6.880***<br>(8.45) | 6.324***<br>(8.52) |
| Industry D | Yes | Yes | Yes | Yes |
| Area D | Yes | Yes | Yes | Yes |
| Year D | Yes | Yes | Yes | Yes |
| $N$ | 802 | 1050 | 391 | 570 |
| $R^2$ | 0.384 | 0.395 | 0.429 | 0.386 |
| $F$ | 23.123 | 31.907 | 13.873 | 16.381 |
| Sargan 统计量 | 4.826 | 0.493 | 1.888 | 0.109 |
| $P$ 值 | 0.0280 | 0.4825 | 0.1694 | 0.7416 |

注：***、**、*分别表示在 0.01、0.05 和 0.1 的水平上显著。

（2）倾向性匹配。本章以年份、行业相同和规模相近，以及有无成本粘性为标准对样本进行倾向性匹配，最终获得 299 对匹配样本形成子样本，用于检验年份、行业相同和规模相近的企业中，有无成本粘性对高管薪酬业绩敏感性的影响。表 5. 10、表 5. 11 和表 5. 12 的检验结果说明，子样本的检验结果和总样本检验结果基本一致，前文假设成立。

表 5. 10　　**成本粘性、产权性质与高管薪酬业绩敏感性**

| 变量 | 高管薪酬业绩敏感性 | | |
|---|---|---|---|
| | 总样本 | 国企样本 | 民营样本 |
| dcs | −0. 066<br>(−1. 10) | 0. 012<br>(0. 17) | −0. 173<br>(−1. 38) |
| roe | 1. 683***<br>(5. 13) | 1. 005**<br>(2. 50) | 1. 944***<br>(3. 18) |
| roe×dcs | −5. 532***<br>(−3. 96) | 10. 468**<br>(2. 39) | −6. 811***<br>(−3. 76) |
| soe | 0. 065<br>(1. 07) | | |
| top | −0. 006***<br>(−2. 96) | −0. 008***<br>(−3. 44) | −0. 000<br>(−0. 04) |
| part | 0. 075<br>(0. 79) | 0. 005<br>(0. 04) | 0. 184<br>(1. 15) |
| leve | 0. 100<br>(0. 56) | 0. 094<br>(0. 46) | 0. 130<br>(0. 38) |
| risk | 0. 230<br>(0. 73) | 0. 244<br>(0. 75) | 0. 372<br>(0. 42) |
| size | 0. 274***<br>(7. 56) | 0. 257***<br>(6. 31) | 0. 298***<br>(3. 73) |
| loss | −0. 024<br>(−0. 23) | −0. 047<br>(−0. 40) | 0. 106<br>(0. 50) |
| _cons | 8. 624***<br>(8. 81) | 8. 333***<br>(9. 65) | 6. 844***<br>(3. 84) |
| Industry D | Yes | Yes | Yes |

续表

| 变量 | 高管薪酬业绩敏感性 | | |
|---|---|---|---|
| | 总样本 | 国企样本 | 民营样本 |
| Area D | Yes | Yes | Yes |
| Year D | Yes | Yes | Yes |
| *N* | 598 | 412 | 186 |
| $R^2$ | 0. 376 | 0. 391 | 0. 486 |
| *F* 值 | 13. 795 | 10. 841 | 6. 333 |

注：*** 、** 、* 分别表示在 0. 01、0. 05 和 0. 1 的水平上显著。

表 5. 11　　　**成本粘性、高管任期与高管薪酬业绩敏感性**

| 变量 | 高管薪酬业绩敏感性 | | | |
|---|---|---|---|---|
| | 国有企业 | | 民营企业 | |
| | 任期>=中位数 | 任期<中位数 | 任期>=中位数 | 任期<中位数 |
| dcs | 0. 066<br>(0. 64) | -0. 019<br>(-0. 20) | -0. 274 *<br>(-1. 72) | -0. 144<br>(-0. 66) |
| roe | 1. 919 ***<br>(2. 94) | 0. 250<br>(0. 47) | 2. 073 **<br>(2. 60) | 0. 375<br>(0. 32) |
| roe×dcs | 5. 579<br>(0. 76) | 16. 840 ***<br>(2. 92) | -8. 493 ***<br>(-4. 26) | 0. 604<br>(0. 08) |
| top | -0. 009 ***<br>(-2. 74) | -0. 007 *<br>(-1. 95) | 0. 013 **<br>(2. 23) | -0. 011<br>(-1. 46) |
| part | -0. 047<br>(-0. 30) | -0. 037<br>(-0. 17) | 0. 224<br>(1. 12) | 0. 012<br>(0. 05) |
| leve | 0. 116<br>(0. 37) | -0. 022<br>(-0. 08) | -0. 140<br>(-0. 30) | 0. 910 *<br>(1. 70) |
| risk | 0. 592<br>(0. 53) | 0. 321<br>(0. 93) | 0. 753<br>(0. 65) | -1. 178<br>(-0. 78) |
| size | 0. 275 ***<br>(4. 65) | 0. 267 ***<br>(4. 61) | 0. 136<br>(1. 33) | 0. 329 **<br>(2. 58) |
| loss | 0. 022<br>(0. 12) | -0. 087<br>(-0. 53) | 0. 108<br>(0. 42) | -0. 009<br>(-0. 03) |

续表

| 变量 | 高管薪酬业绩敏感性 | | | |
|---|---|---|---|---|
| | 国有企业 | | 民营企业 | |
| | 任期>=中位数 | 任期<中位数 | 任期>=中位数 | 任期<中位数 |
| _cons | 7.816*** (6.30) | 8.090*** (6.76) | 10.461*** (5.00) | 6.654** (2.45) |
| Industry D | Yes | Yes | Yes | Yes |
| Area D | Yes | Yes | Yes | Yes |
| Year D | Yes | Yes | Yes | Yes |
| $N$ | 203 | 209 | 102 | 84 |
| $R^2$ | 0.384 | 0.396 | 0.590 | 0.510 |
| $F$ 值 | 5.679 | 6.154 | 5.832 | 3.279 |

注：***、**、* 分别表示在 0.01、0.05 和 0.1 的水平上显著。

表 5.12　**成本粘性、公司透明度与高管薪酬业绩敏感性**

| 变量 | 高管薪酬业绩敏感性 | | | |
|---|---|---|---|---|
| | 国有企业 | | 民营企业 | |
| | 透明度>=中位数 | 透明度<中位数 | 透明度>=中位数 | 透明度<中位数 |
| dcs | -0.171 (-1.32) | 0.146* (1.69) | -0.171 (-1.27) | -0.166 (-1.13) |
| roe | 1.075 (1.48) | 0.407 (0.77) | 1.592** (2.46) | 1.679** (2.41) |
| roe×dcs | 47.335** (2.58) | 12.817*** (2.61) | -2.802 (-0.58) | -5.221*** (-2.63) |
| top | -0.003 (-0.88) | -0.012*** (-4.03) | 0.004 (0.83) | -0.002 (-0.51) |
| part | -0.014 (-0.08) | -0.011 (-0.06) | 0.263 (1.66) | 0.277 (1.54) |
| leve | -0.121 (-0.38) | 0.447 (1.63) | 0.175 (0.46) | 0.484 (1.21) |
| risk | 0.112 (0.12) | 0.192 (0.55) | 1.308 (1.51) | -0.147 (-0.15) |

续表

| 变量 | 高管薪酬业绩敏感性 | | | |
|---|---|---|---|---|
| | 国有企业 | | 民营企业 | |
| | 透明度>=中位数 | 透明度<中位数 | 透明度>=中位数 | 透明度<中位数 |
| size | 0.270*** (3.45) | 0.257*** (5.19) | 0.261*** (3.19) | 0.277*** (3.07) |
| loss | 0.605 (0.76) | -0.120 (-0.90) | 0.171 (0.79) | 0.181 (0.75) |
| _cons | 8.132*** (5.04) | 8.059*** (7.71) | 7.685*** (4.51) | 7.571*** (3.98) |
| Industry D | Yes | Yes | Yes | Yes |
| Area D | Yes | Yes | Yes | Yes |
| Year D | Yes | Yes | Yes | Yes |
| *N* | 151 | 261 | 145 | 138 |
| $R^2$ | 0.362 | 0.428 | 0.401 | 0.508 |
| *F* 值 | 3.693 | 8.961 | 4.157 | 6.045 |

注：***、**、*分别表示在0.01、0.05和0.1的水平上显著。

## 5.5 研究结论与建议

本章选择2005—2012年A股制造类上市公司为研究样本，检验成本粘性对高管薪酬业绩敏感性的负向调节作用，以及公司治理因素对上述关系的影响。研究发现：成本粘性显著降低了高管薪酬业绩敏感性；民营企业高管薪酬业绩敏感性受到成本粘性的负向影响更加显著；民营企业高管任期增加，成本粘性与高管薪酬业绩敏感性之间的负相关关系更加显著；民营企业公司透明度越低，成本粘性对高管薪酬业绩敏感性的负向作用越显著。

# 第6章　投资效率、成本粘性与企业风险

## 6.1　引言

企业在激烈的竞争中生存和发展，承受来自外部宏观经济环境不确定性和内部管理运营效率的双重考验。大量研究发现，宏观经济变化、企业的行业属性以及经营效率对成本粘性程度有影响（Anderson et al.，2003；Calleja et al.，2006；孙铮和刘浩，2004；刘武，2006；孔玉生等，2007；刘彦文和王玉刚，2009）。从经济环境动态变化的角度看，随着宏观经济周期性波动，企业的收入水平以及投资行为都会相应发生变化，影响成本粘性程度，并使企业风险水平发生变化。2008年至今，席卷全球的金融危机导致一大批知名企业陷入财务危机，广大学者和管理人员逐渐认识到经济风险是引发企业亏损甚至破产的重要原因。基于此，深入研究成本粘性形成企业风险的内部作用机理，对于管控风险、促进企业持续发展具有重要的现实意义。

成本粘性体现了企业收入和成本之间变动的不对称性，其本质是反映在宏观经济不确定情形下，企业经营风险随收入水平变动被放大的过程，宏观经济波动是导致企业成本粘性程度加重、风险水平增大的重要原因。具体表现为：企业在周期性变化的宏观经济环境中生存，当宏观经济处于繁荣期时，企业倾向于不断增加投资，甚至出现过度投资、多元化投资等扩张行为。由于外部需求增加，市场景气度提高，企业产能过剩、资产运用效率较低等问题被良好的收入水平所消化和掩盖；当宏观经济步入衰退期，企业一旦遭遇经济风险，伴随市场需求下降，营业收入下滑，高昂的成本水平难以随业务量减少等比例下降，导致企业绩效降低，股东利益遭受巨大损失。如图6.1所示，在2005—2012年，我国制造业企业成本粘性程度的变化与GDP增长率的波动呈反向趋势，意味着当宏观经济步入繁荣期，成本粘性程度减弱；而当宏观经济步入衰退期，成本粘性程度加重。因此，收入与产生收入所耗费成本费用之间的不对称变动反映企业遭受的宏观经济风险，是

影响企业持续发展的风险因素。

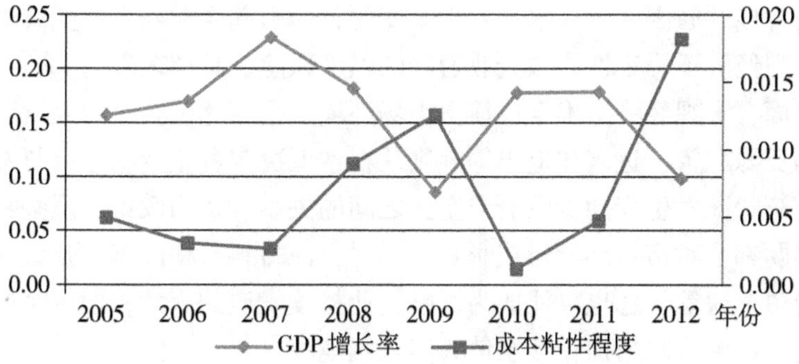


图 6.1 GDP 增长率与企业成本粘性程度

基于以上背景，本章从宏观经济不确定性角度，选择 2005—2012 年 A 股制造业上市公司为研究样本，检验成本粘性对企业风险的影响，以及不同的投资效率对上述关系的影响。研究发现：由于宏观经济周期波动，成本粘性显著增加了企业风险水平；当企业进行过度投资时，成本粘性对企业风险的影响更加显著；当企业出现投资不足的情形时，成本粘性与企业风险之间的正相关关系显著减弱。本章的研究结果表明，在宏观经济不确定性情形下，成本粘性程度加重是导致企业风险水平增加的重要原因；同时，企业的过度投资行为会使得成本粘性程度与企业风险水平之间的正相关关系更加突出。本书的贡献在于：

第一，现有文献大多从企业的行业属性以及资产特征研究成本粘性问题，本章深入分析了宏观经济不确定性对成本粘性的影响，为证明宏观经济周期性波动增加成本粘性程度，提高企业风险水平提供经验证据，丰富了成本粘性问题的研究。

第二，从投资的角度验证了投资效率对成本粘性与企业风险之间关系的影响，为说明过度投资行为是影响成本粘性程度，进而增加企业风险的重要原因提供经验证据，为企业提高投资和经营效率，降低风险水平提供合理建议。

## 6.2 理论分析与研究假设

### 6.2.1 成本粘性与企业风险

（1）成本粘性反映宏观经济不确定情形下企业遭遇的经济风险。根据成本粘性的定义，当企业收入下降时，约束性成本和酌量性成本在短期内未能得到有效削减，才使得成本下降的幅度小于收入下降的幅度。因此，企业出现粘性特征最直接的原因是收入水平发生了变化，而引起企业收入发生波动的首要因素是宏观经济不确定性导致企业遭受的经济风险。具体表现为：

一方面，宏观经济不确定性使得市场环境发生变化。企业的经营环境是市场，市场资源配置、进入和退出等规则从根本上决定着企业的生存与发展。由于宏观经济状况发生变动，政府与企业之间的关系、货币政策、反垄断措施等一系列问题都会对市场环境形成影响，同时，原材料价格涨落、强势竞争者的进入、资源短缺等问题也可能成为影响企业持续发展的因素，使得企业的收入发生变化，经营风险增加，甚至使其陷入困境。

另一方面，宏观经济不确定性使得企业外部需求发生变化。宏观经济环境决定了企业发展的机会状态，较为繁荣的经济环境能够给企业提供扩展业务的机会，而衰退的经济环境会削弱市场对产品或服务的需求。具体来讲，当宏观经济处于繁荣期，人们的收入以及消费水平都会出现较好的增长趋势，形成良好的产品市场需求，使得企业的生产规模增大，盈利水平上升；而当宏观经济步入衰退期，市场规模会随着人们消费能力和消费动机的减弱而减小，企业经营状况也会由于产品市场需求的减少呈现逐渐恶化的趋势。同时，由于企业的投资行为与经济周期的变化具有“顺周期”性特征，企业在经济繁荣期进行大规模扩张之后会形成产能过剩等隐患，在衰退期逐渐暴露出投资效率低、资产运用不合理等问题，无法给企业带来预期的高收益。伴随着收入发生变化，高昂的成本不能得到及时缩减，成本与收入之间的非对称性变动程度加重，虚增的规模严重影响了企业运行效率，给股东带来风险和损失。

因此，市场环境和外部需求变化使企业收入发生波动，为构成成本粘性提供必要条件，反映出宏观经济不确定性情形下企业遭受的经济风险。

（2）成本粘性放大了宏观经济风险作用下企业的内在经营风险。Anderson等（2003）首次通过实证方法证实美国公众公司存在费用粘性现象之后，大量研究成果表明，行业属性和资产特征是导致企业出现成本粘性问题的重要原因（Calleja et al.，2006；孙铮和刘浩，2004；刘武，2006；孔玉生等，2007；刘彦文和王玉刚，2009）。对于制造类上市公司来说，生产资源投入较大，伴随宏观经济环境变化，成本与收入之间的变动不对称性会增加，进而导致企业内部固有的经营风险增大。具体原因在于：首先，为了减少日常经营活动中调整成本的支出，长期契约被广泛应用于制造业企业中。当宏观经济发生波动时，长期契约的签订会使成本缺乏向下的弹性，使得企业在短期内无法及时有效地削减约束性成本，导致成本与收入之间的不对称性变动增大。当收入下降，高昂的成本水平难以得到有效缩减，使得企业风险增加；其次，资本密集度大、资产专用性强是制造业上市公司的重要特点，体现了企业在市场上的定位，是企业核心竞争力的表现。但是由于资本投入量较大，当宏观经济环境发生变化时，资产使用主体和用途的改变带来的资产价值减损将给企业带来较大损失，巨额的调整成本使得经营风险增大，企业风险水平增加。

（3）成本粘性加大了宏观经济风险作用下的高管决策风险。在宏观经济不确定情形下，高管的投资决策行为会受到影响，进而使得企业的成本粘性程度较高，企业风险增加。具体表现为：当企业收入出现下降，高管出于过度自信等原因，认为销售量的下降只是源于短期经济波动，不需要立即对资源和成本进行调整，从而加重成本粘性程度。Banker 等（2013）验证了当未来市场需求存在高度不确定性时，高管的决策能力降低。研究结果发现：当管理者不能确定企业产品或服务的未来需求时，乐观的管理者在销售量下降时会保留部分多余的生产能力，在销售量上升时更愿意增加投资，提高生产能力，因此企业的成本粘性程度被加重。Chen 等（2013）研究发现：过度自信导致高管对未来销售收入进行乐观预期，使得企业的成本水平提高，成本粘性程度加重。因而在外部环境不确定情形下，高管的决策行为加重了成本粘性程度，进而增加了企业的经营风险。

基于以上分析，宏观经济不确定性使得企业的经营环境发生变化，引起收入发生变动，放大了制造类企业固有经营风险，并且导致高管的决策行为受到影响。当营业收入下降时，较高的成本水平难以随收入的下降等比例缩减，使企业的绩效迅速降低，股东利益遭受巨大损失。因此，在外部经济风险和内部经营风险的共同作用下，成本粘性成为加剧企业风险的重要因素。基于此，本章提出：

**假设 H1**：在宏观经济不确定情形下，成本粘性程度增加，企业风险会增大。

### 6.2.2 投资效率、成本粘性特征与企业风险

投资项目的成败是影响企业融资风险和经营风险水平的重要因素。广大学者从企业价值的角度研究投资效率的经济后果并发现，过度投资造成的非效率投资非常严重（张功富和宋献中，2009），对于企业价值产生了负面影响（张敏等，2010；杨华军和胡奕明，2007；俞红海等，2010；田利辉和李春霞，2014）。企业价值是资产得到有效运用后现金流入的折现值，因此，投资效率

使得企业的资产运用水平通过预期现金流入水平反映出来，进而影响企业价值。

从企业风险的角度看，有效的投资活动使得资产得到有效运用，实现预期现金流入，提高企业的竞争能力，缓解成本与收入的不对称性变动程度，降低成本粘性程度，减少企业绩效的波动性；而非效率投资使得企业的竞争能力下降，增加企业承担的风险水平。具体体现在：当企业进行过度投资时，经营环境的不确定性增加了企业获取预期高收益的难度；同时，过度投资行为使得企业成本水平大幅度增加。由于资产未得到有效运用，预期收益很难实现，使得成本与收入之间出现严重的不对称性变动，成本粘性程度增大，进而导致企业绩效的波动性增大，企业风险水平增加；在企业投资不足的情形下，出于融资约束等原因，企业的投资冲动较小。与具有过度投资行为的企业相比，此类企业往往竞争能力较弱，现金流入水平不高，但是由于产能利用程度较好，成本粘性程度较低，企业绩效的波动性较小，风险水平不高。因此在宏观经济波动的情形下，由于企业的预期收益不确定，非投资效率使得企业的成本水平及其增速发生变化，导致成本粘性与企业风险之间的关系受到影响，本章提出：

**假设 H2**：随着企业过度投资行为增加，成本粘性对企业风险的影响显著增强。

**假设 H3**：随着企业投资不足行为增加，成本粘性对企业风险的影响显著减弱。

## 6.3　研究设计

### 6.3.1　样本与数据来源

本章选取 A 股市场 2005—2012 年的制造类上市公司数据作为样本，为了使研究结果具有一般意义，本章剔除了 ST 类的样本企业以及在样本期间更换行业的企业，最终得到 425 家企业的财务数据。本章数据来自国泰安数据库和巨潮资讯网。

### 6.3.2　模型设定与变量选择

为了检验前文提出的假设，设置了如下模型：在模型（1）中，本章用企业 5 年内盈余的波动性来替代企业的风险水平。成本粘性变量 dcs 是用模型（4）计算出来的成本粘性虚拟变量，当变量 cs 大于零时，dcs 取 1 值，否则取

0值。根据现有研究成果，企业规模、是否发生盈余亏损、收入波动性、资产负债率、上市年限以及成长性都会显著影响企业风险水平（Bhushan，1989；Parkash et al.，1995；Brown，2001；John et al.，2008）；因此本章在模型中加入企业规模、亏损变量、资产负债率、企业成长性和上市年限等变量作为控制变量，同时还控制了二级行业和年度变量。

在模型（1）的基础上，加入投资效率单变量 overinvest 和 underinvest，以及其与成本粘性变量（dcs）的交互项，形成模型（2），用来验证过度投资和投资不足对成本粘性程度与企业风险之间关系的影响。

$$\text{risk}_{it} = \alpha_0 + \alpha_1\text{dcs}_{i_t} + \alpha_2\text{size}_{i_t} + \alpha_3\text{vsale}_{i_t} + \alpha_4\text{leve}_{i_t} + \alpha_5\text{growth}_{i_t} + \alpha_6\text{age}_{i_t} + \alpha_7\text{loss}_{i_t} + \alpha_8\text{soe}_{i_t} + \sum\text{industry} + \sum\text{year} \quad (1)$$

$$\text{risk}_{it} = \alpha_0 + \alpha_1\text{dcs}_{it} + \alpha_2\text{overinvest}_{it} + \alpha_3\text{dcsit} \times \text{overinvest}_{it} + \alpha_4\text{size}_{i_t} + \alpha_5\text{vsale}_{i_t} + \alpha_6\text{leve}_{it} + \alpha_7\text{growth}_{it} + \alpha_8\text{age}_{it} + \alpha_9\text{loss}_{it} + \alpha_{10}\text{soe}_{it} + \sum\text{industry} + \sum\text{year} \quad (2)$$

$$\text{risk}_{it} = \alpha_0 + \alpha_1\text{dcs}_{it} + \alpha_2\text{underinvest}_{it} + \alpha_3\text{dcsit} \times \text{underinvest}_{it} + \alpha_4\text{size}_{it} + \alpha_5\text{vsale}_{it} + \alpha_6\text{leve}_{it} + \alpha_7\text{growth}_{it} + \alpha_8\text{age}_{it} + \alpha_9\text{loss}_{it} + \alpha_{10}\text{soe}_{it} + \sum\text{industry} + \sum\text{year} \quad (3)$$

根据成本粘性的定义，在存在成本粘性特征的企业中，成本在营业收入中所占比例会不断上升，即使当营业收入下降时，该比例也不会立即下降或者下降的幅度很小。因此，参考 Aderson 和 Lanen（2007）的做法，将企业成本的变动率定义为当期和上一期的成本随收入变动幅度之差，同时设定当期企业的营业收入是否低于上一期营业收入（$D^{rev}$）、成本变动率（$D^{cost}$）是否大于零两个条件来区分有成本粘性的企业和无成本粘性的企业（包含成本粘性程度为零和反粘性特征企业），以此量化企业的成本粘性程度（cs）。

$$\text{cost\_ratio} = \frac{\text{cost}_{i,t}}{\text{rev}_{i,t}} - \frac{\text{cost}_{i,t-1}}{\text{rev}_{i,t-1}} \quad (4)$$

$$\text{cs} = \text{cost\_ratio} \times D^{rev} \times D^{cost} \quad (5)$$

其中，$D^{rev}$ 和 $D^{cost}$ 是哑变量，当 $\frac{\text{rev}_{i,t}}{\text{rev}_{i,t-1}}<1$ 时，$D^{rev}$ 取 1，否则取 0。当 cost_ratio>0 时，$D^{cost}$ 取 1；否则取 0。

借鉴 Richardson（2006）、辛清泉等（2007）的做法，建立模型（6）来度量企业的投资效率。其中，变量 Newinvest 和 Lagnewinvest 为上市公司当年和上一年度的投资水平。为了控制其他因素对公司投资的影响，我们在以往文献的基础上增加控制变量。growth 为企业的成长性，表示企业业务增长的能力与潜在投资机会；leve 为资产负债率；cash 为企业的现金持有量；age 为上市公司年龄；size 为公司规模；return 为企业的股票回报率（见表 6.1）。为减少与模型可能存在的内生性，把所有解释变量与控制变量滞后一期。

表 6.1　**变量说明表**

| 变量符号 | 变量名称 | 变 量 说 明 |
|---|---|---|
| risk | 企业风险 | $t$-5 年到 $t$ 年 roa 的滚动标准差 |
| dcs | 成本粘性 | 根据计算的成本粘性程度设定哑变量，成本粘性程度大于零时为 1；小于等于 0 时，取 0 |
| size | 企业规模 | 本年度总资产对数 |
| leve | 资产负债率 | 本期负债与总资产的比例 |
| vsale | 收入波动性 | $t$-5 年到 $t$ 年的销售收入标准差的自然对数。 |
| newinvest | 当年投资水平 | （资本支出+并购支出-出售长期资产收入-折旧摊销）/总资产 |
| overinveat | 过度投资 | 用模型（5）计算出残差值 $\varepsilon$，且 $\varepsilon$ 大于零 |
| underinvest | 投资不足 | 用模型（5）计算出残差值 $\varepsilon$，且 $\varepsilon$ 小于零 |
| return | 股票收益 | 年度股票收益率 |
| growth | 成长性 | 营业收入的增长率 |
| loss | 盈余亏损 | 该年度披露中营业利润为负数时取 1，否则取 0 |
| age | 上市年限 | 上市公司首次 IPO 至当年年限的自然对数 |
| soe | 产权性质 | 虚拟变量，国有企业取 1，否则取 0 |
| industry | 行业哑变量 | 根据制造业二级行业设定 |
| year | 年度哑变量 | 根据样本年度区间设定 |

模型（6）回归后得到残差值 $\varepsilon$ 为非效率投资，即各样本的实际投资活动与预计投资活动的差值。根据 $\varepsilon$ 的方向分为过度投资和投资不足两种情况：当 $\varepsilon>0$时，企业存在投资过度行为，用 overinvest 来替代过度投资行为；若 $\varepsilon<0$ 时，企业存在投资不足的现象，用 underinvest 来替代投资不足行为。同时，overinvest 和 underinvest 的绝对值越大，代表公司投资过度和投资不足的程度

越严重。

$$newinvest_{i,t}=\alpha_0+\alpha_1 growth_{i,t-1}+\alpha_2 leve_{i,t-1}+\alpha_3 cash_{i,t-1}+\alpha_4 age_{i,t-1}+\alpha_5 size_{i,t-1}+\alpha_6 return_{i,t-1}+\alpha_7 lagnewinvest_{i,t-1}+\sum year+\sum industry+\varepsilon_{i,t} \quad (6)$$

## 6.4 实证检验与分析

### 6.4.1 主要变量描述性统计

表 6.2 是本章主要变量的描述统计，从 Panel A 可以看出，我国制造业的主营业务成本约占主营业务收入的 80%，表明了成本管理和分析在制造类企业中的重要性。从 Panel B 中可以看到，在我国制造类企业中，有约 33%的企业有过度投资行为，而投资不足占非效率投资更大比例，这说明，虽然我国近几年经济的高速增长为企业提供了大量的投资机会，但是由于面临融资约束等原因，超过半数以上的公司仍然存在投资不足的现象。

表 6.2 **主要变量描述统计**

| **Panel A** | | | | |
|---|---|---|---|---|
| 变量 | $N$ | 均值 | 中位数 | 标准差 |
| cost（百万元） | 2971 | 3720 | 1360 | 7460 |
| rev（百万元） | 2971 | 4460 | 1720 | 8460 |
| cost/rev | 2971 | 0.79 | 0.82 | 0.13 |
| risk | 2971 | 0.03 | 0.02 | 0.04 |
| **Panel B** | | | | |
| 非效率投资全样本 | | | | |
| $\varepsilon>0$ | 964 | 0.088 | 0.050 | 0.145 |
| $\varepsilon<0$ | 2007 | -0.042 | -0.039 | 0.033 |

### 6.4.2 主要变量的相关系数检验

表 6.3 是本章主要变量的 Pearson 相关系数矩阵，表中数据显示，企业成

本粘性程度（cs）和企业风险水平（risk）呈正向相关关系，与假设一致。同时模型中各变量的相关系数均小于0.5，说明变量间不存在较强的相关性。

表6.3 **相关系数表**

| | risk | cs | size | vsale | leve | growth | age | loss |
|---|---|---|---|---|---|---|---|---|
| risk | 1.000 | | | | | | | |
| cs | 0.098*** | 1.000 | | | | | | |
| size | −0.165*** | −0.006 | 1.000 | | | | | |
| vsale | 0.003 | 0.003 | 0.271*** | 1.000 | | | | |
| leve | 0.064*** | 0.016 | 0.184*** | 0.055*** | 1.000 | | | |
| growth | 0.002 | −0.026 | −0.064*** | 0.030 | −0.018 | 1.000 | | |
| age | 0.051*** | 0.048*** | 0.233*** | 0.228*** | 0.074*** | 0.034* | 1.000 | |
| loss | 0.121*** | 0.329*** | −0.073*** | −0.013 | 0.133*** | −0.018 | 0.052*** | 1.000 |

## 6.4.3 多元线性回归分析

本章首先运用模型（1）检验2005—2012年我国制造业上市公司成本粘性与企业风险之间的相关关系。用最小二乘法进行多元回归分析，为了控制企业自身特征因素，对回归标准误进行企业代码聚类调整。如表6.4所示，成本粘性变量（dcs）的系数（0.007，$t=2.27$）显著为正数。说明成本粘性与企业风险之间存在显著的正相关关系，随着成本粘性程度加重，企业的风险水平增加。控制变量的回归结果表明，当企业的规模越大，成长性越高时，企业风险水平越低；随着企业的收入波动性变大，资产负债率增加，企业的风险水平逐渐增大。检验结果支持本章假设H1。

表6.4 **成本粘性与企业风险**

| | 预测符号 | 系数 | $t$值 |
|---|---|---|---|
| intercept | ? | 0.217*** | (3.54) |
| dcs | + | 0.007** | (2.27) |
| size | − | −0.012*** | (−3.61) |

续表

| | 预测符号 | 系数 | t 值 |
|---|---|---|---|
| vsale | + | 0.001** | (2.07) |
| leve | + | 0.027*** | (2.08) |
| growth | - | -0.0003* | (-1.70) |
| loss | + | 0.011** | (2.54) |
| age | + | 0.006 | (1.52) |
| soe | ? | -0.006 | (-1.37) |
| 行业 | 控制 | | |
| 年度 | 控制 | | |
| $N$ | 2971 | | |
| Adjusted $R^2$ | 0.1124 | | |

注：***、**、*分别表示在 0.01、0.05 和 0.1 的水平上显著，并且标准误经过企业代码聚类（cluster）调整。

进一步，运用模型（2）和模型（3）检验投资效率对成本粘性与企业风险之间关系的影响。实证检验结果如表 6.5 所示，在加入了过度投资变量（overinvest）和投资不足变量（underinvest）单变量，以及其与成本粘性（dcs）的交互项之后，在总样本中，成本粘性（dcs）与投资效率（$\varepsilon$）交互项（dcs×$\varepsilon$）的系数（-0.067，$t$=-0.21）为负值，未达到显著程度，说明总体的投资效率并不会显著影响成本粘性与企业风险之间的关系。在分样本中，过度投资与成本粘性交互项（overinvest×dcs）的系数（0.558，$t$=1.96）显著为正值，说明在存在过度投资的企业中，成本粘性加重企业风险的现象更加突出；然而在投资不足的分样本中，投资不足与成本粘性交互项（underinvest×dcs）的系数（-1.620，$t$=-1.96）显著为负值，说明投资不足导致成本粘性加重企业风险的现象显著缓解，企业风险水平降低，假设 H2 和 H3 成立。从分样本的检验结果可以看出，企业的过度投资行为使得成本粘性与企业风险之间的正相关关系更加显著。同时，为了验证模型（3）在加入交互项变量之后，与模型（2）的区别，增加了 $F$ 联合检验，检验结果说明在总样本和按照投资效率分组后的样本中，投资行为对成本粘性与企业风险之间的关系存在显著的影响，同时 chi2 检验结果与分样本检验结果一致，检验结果支持本章假设。

表 6.5　　**投资效率、成本粘性与企业风险**

| | 全样本 | | 投资过度 | | 投资不足 | |
|---|---|---|---|---|---|---|
| | 系数 | $t$ 值 | 系数 | $t$ 值 | 系数 | $t$ 值 |
| intercept | 0.215*** | (3.57) | 0.313*** | (3.13) | 0.202*** | (3.50) |
| dcs(1) | 0.008** | (2.37) | 0.001 | (0.15) | 0.004 | (0.93) |
| dcs×ε(2) | −0.067 | (−0.21) | | | | |
| dcs×overinvest(3) | | | 0.558** | (1.96) | | |
| dcs×underinvest(4) | | | | | −1.620** | (−1.96) |
| ε | 0.023 | (1.14) | | | | |
| overinvest | | | 0.037 | (1.58) | | |
| underinvest | | | | | −0.076*** | (−2.72) |
| size | −0.012*** | (−3.65) | −0.011*** | (−2.72) | −0.011*** | (−3.82) |
| vsale | 0.001** | (2.08) | 0.0007 | (1.27) | 0.001** | (2.29) |
| leve | 0.026** | (2.07) | −0.017 | (−0.74) | 0.035*** | (3.08) |
| growth | −0.0004* | (−1.71) | −0.0005** | (−2.05) | −0.002 | (−1.34) |
| loss | 0.012*** | (2.75) | 0.006 | (1.05) | 0.012** | (2.53) |
| age | 0.006 | (1.55) | 0.007 | (1.26) | 0.006* | (1.70) |
| soe | −0.006 | (−1.41) | −0.003 | (−0.58) | −0.005 | (−1.19) |
| test(1)+(2)=0 | 2.18** | | | | | |
| $P$ value | (0.140) | | | | | |
| test (1)+(3)=0 | | | 2.22** | | | |
| $P$ value | | | (0.1376) | | | |
| test (1)+(4)=0 | | | | | 6.12*** | |
| $P$ value | | | | | (0.0138) | |
| chi2 | | | 6.79 | | | |
| Prob > chi2 | | | 0.0092 | | | |
| 年度 | 控制 | | | | | |
| 二级行业 | 控制 | | | | | |
| $N$ | 2971 | | 964 | | 2007 | |
| Adjusted $R^2$ | 0.1151 | | 0.1062 | | 0.1544 | |

注：*** 、** 、* 分别表示在 0.01、0.05 和 0.1 的水平上显著，并且标准误经过企业代码聚类（cluster）调整。

## 6.5 稳健性检验

由于普通最小二乘法均值回归容易受到极端值的影响，为了使本章的实证结果更加稳健，在稳健性检验中我们用分位数回归法对样本进行重新回归分析，如表6.6、表6.7所示，检验结果和前文检验结果一致，本章假设成立。

表6.6　**成本粘性与企业风险**

| | 预测符号 | 系数 | t值 |
|---|---|---|---|
| intercept | ? | 0.020* | (1.64) |
| dcs | + | 0.003*** | (3.06) |
| size | − | −0.001*** | (−3.14) |
| vsale | + | 0.0005*** | (3.03) |
| leve | + | −0.0005 | (−0.30) |
| growth | − | 0.00002 | (0.31) |
| loss | + | 0.020*** | (13.43) |
| age | + | 0.004*** | (4.01) |
| soe | ? | −0.003*** | (−4.55) |
| 行业 | 控制 | | |
| 年度 | 控制 | | |
| $N$ | 2971 | | |
| Pseudo $R^2$ | 0.0960 | | |

注：***、**、*分别表示在0.01、0.05和0.1的水平上显著。

表6.7　**投资效率、成本粘性与企业风险**

| | 全样本 | | 投资过度 | | 投资不足 | |
|---|---|---|---|---|---|---|
| | 系数 | t值 | 系数 | t值 | 系数 | t值 |
| intercept | 0.018 | (1.49) | 0.070*** | (4.75) | 0.028*** | (3.09) |
| dcs(1) | 0.004*** | (3.33) | 0.003 | (1.40) | 0.0003 | (0.24) |
| dcs×ε(2) | 0.312*** | (2.12) | | | | |

续表

| | 全样本 | | 投资过度 | | 投资不足 | |
|---|---|---|---|---|---|---|
| | 系数 | $t$ 值 | 系数 | $t$ 值 | 系数 | $t$ 值 |
| dcs×overinvest(3) | | | 0. 555*** | (5. 17) | | |
| dcs×underinvest(4) | | | | | -0. 908*** | (-3. 11) |
| $\varepsilon$ | 0. 003 | (1. 03) | | | | |
| overinvest | | | 0. 010*** | (2. 91) | | |
| underinvest | | | | | -0. 054*** | (-5. 06) |
| size | -0. 001*** | (-2. 94) | -0. 001** | (-2. 26) | -0. 001*** | (-3. 43) |
| vsale | 0. 0005*** | (3. 19) | 0. 0004* | (1. 71) | 0. 0006*** | (3. 41) |
| leve | -0. 0006 | (-0. 34) | -0. 010** | (-2. 43) | 0. 005*** | (3. 01) |
| growth | 0. 00003 | (0. 39) | -0. 00002 | (-0. 45) | -0. 0006 | (-1. 51) |
| loss | 0. 020*** | (13. 49) | 0. 017*** | (6. 31) | 0. 017*** | (12. 25) |
| age | 0. 004*** | (4. 11) | 0. 005*** | (3. 52) | 0. 003*** | (3. 05) |
| soe | -0. 003*** | (-4. 66) | -0. 002** | (-2. 05) | -0. 002*** | (-3. 20) |
| test(1)+(2)= 0 | 4. 46*** | | | | | |
| $P$ value | (0. 0349) | | | | | |
| test (1)+(3)= 0 | | | 9. 60*** | | | |
| $P$ value | | | (0. 0020) | | | |
| test (1)+(4)= 0 | | | | | 24. 88*** | |
| $P$ value | | | | | (0. 0000) | |
| 年度 | 控制 | | | | | |
| 二级行业 | 控制 | | | | | |
| $N$ | 2971 | | 964 | | 2007 | |
| Pseudo $R^2$ | 0. 0963 | | 0. 0902 | | 0. 1138 | |

注：***、**、*分别表示在 0. 01、0. 05 和 0. 1 的水平上显著。

## 6.6 研究结论与建议

本章从宏观经济不确定性角度，选择 2005—2012 年 A 股制造业上市公司为研究样本，检验成本粘性对企业风险的影响，以及企业的投资效率对上述关系的影响。研究发现：在宏观经济不确定情形下，成本粘性显著放大了企业风险水平；当企业进行过度投资时，成本粘性对企业风险的影响更加突出；当企业出现投资不足的情形时，成本粘性与企业风险之间的正相关关系显著减弱。本章深入分析和验证了成本粘性增大企业风险的作用机制，并为证明投资效率是影响成本粘性程度，进而增大企业风险的重要因素提供经验证据。

# 第7章　XBRL标准应用、成本粘性与财务分析师盈余预测质量

## 7.1　引言

作为重要的财务信息供给方式，通用财务报告的目标是向现有和潜在投资者、贷款人和其他债权人提供有关报告主体的财务信息，以利于其做出与向主体提供资源相关的决策（IASB《财务报告的概念框架》，2010）。2015年国际会计准则理事会（IASB）发布《财务报告概念框架（征求意见稿）》时明确指出，通用财务报告的编制从整体角度出发，未考虑特定投资者、贷款人或者其他债权人的需求，同时财务报告信息体现的仅仅是其法律形式，并不能如实反映与财务信息相关的经济现象及交易实质。该征求意见稿认为，财务报告的主体边界应该设定成为依赖财务报表信息的现有或潜在投资者、贷款人和其他债权人，财务报告信息应当能够如实反映主体经济活动本质，满足决策有用和受托责任的目标。因此鉴于其局限性，通用财务报告只能向主要使用者提供普遍、标准化财务信息，不能满足广义信息需求者了解与上市公司财务报表相关的宏观和行业环境以及微观交易实质信息的需求，无法向不同的信息使用者提供异质化交易信息。

随着可扩展商业报告语言（XBRL）技术推行，XBRL标准为财务报告使用者提供了一个灵活的信息平台，建立起不同报告系统之间的有效联系，凸显了上市公司经营环境以及财务报告披露环境对决策者资源配置的重要影响。首先，XBRL可以通过创建一个调节层方式，改善上市公司使用各式各样的财务信息系统所导致的人工编制、系统复杂等问题。通过运用网络技术，在较短的时间内调解基于不同会计准则的财务报告之间的差异，为信息使用者提供更多与决策相关的信息；其次，XBRL总账软件可以与XBRL财务报告软件相关联，这种高效率的追踪定位系统优势帮助会计师以及审计师们确保、追踪以及监督企业的实时交易活动，在一定程度上缓解了管理层把重要信息隐藏在财务

报告附注中等问题，提高了财务报告的真实性。2009年起，XBRL标准在上交所和深交所推广实施，部分学者研究发现XBRL标准化信息供给在提高上市公司会计信息质量、降低权益资本成本、缓解股价同步性、提高资本市场资源配置效率等方面发挥了积极的作用（陈宋生等，2015；李争争等，2013；史永和张龙平，2014；王琳和龚昕，2012；曾建光等，2013）。然而现有文献较少从实施XBRL标准有利于提供上市公司异质化信息视角，研究XBRL标准对信息使用者决策效率的影响。在经典理论中，上市公司财务报告中含有的未预期盈余信息会引发投资者对股价做出无偏反应，但是通用财务报告披露的标准化信息并不能够满足不同使用者的差异化需求，实现其决策有用的目标。XBRL标准使得财务报表里每一笔交易的最初记录都可以被追踪到最终记录，即追踪到上市公司财务报告数据中的原始交易记录，能够利用计算机系统自动发布财务报告中除报表数字之外的交易和事项，突出上市公司异质化财务信息，帮助报告使用者在系统中找到对自身决策有用的信息，提高资源配置效率，弥补财务信息使用者差异化信息的需求。在此背景下，财务分析师作为上市公司财务信息重要的搜集者，是否能够较好利用XBRL标准，挖掘上市公司财务报告中行业层面、企业自身特质信息，识别成本粘性形成的经营风险，并进行更加准确、客观的盈余预测呢?

公司成本信息是财务分析师预测盈余的重要基础（Banker and Chen，2006），其粘性特征也成为影响分析师盈余预测质量的核心因素。Weiss（2010）发现，在成本粘性程度较强的企业中，财务分析师的跟踪人数少，盈余预测准确度降低，然而该研究并没有探讨成本粘性增大盈余波动性、降低财务分析师盈余预测准确程度的作用机理。本质上，成本粘性反映企业在经营过程中受到经济周期、货币政策等宏观经济因素的影响，当收入水平发生波动时，行业特征、资产属性以及高管决策行为等因素所形成的固化成本无法及时、有效缩减，盈余的不规则波动性增加，经营风险加大。因此在收入水平不断波动的情况下，成本粘性引发的经营风险是增加财务分析师预测工作难度、降低其盈余预测准确程度的重要原因。基于此，本书以2005—2015年沪深A股制造业上市公司为研究样本，验证成本粘性与财务分析师盈余预测质量之间的关系，以及实施XBRL标准对上述关系的影响。研究结果表明：第一，成本粘性与财务分析师盈余预测质量负相关，具体表现为：成本粘性增加了盈余预测误差和分歧度。第二，XBRL标准应用提供异质化增量信息后，成本粘性增加财务分析师盈余预测误差和分歧度的效应减弱，同时此效应在规模较大的企业中更加显著。

本书可能的贡献在于：

第一，以往文献多研究成本粘性的影响因素（Aderson et al.，2003；Calleja et al.，2006；江伟等，2015；孔玉生等，2007；梁上坤和张梦婷，2015；刘彦文和王玉刚，2009；刘武，2006；毛洪涛等，2015；孙峥和刘浩，2004）。本书挖掘在收入波动的情形下，行业属性、企业自身特征和高管决策行为放大经营风险，进而降低财务分析师盈余预测质量的作用机理并进行实证检验。本研究的结论为成本粘性增加经营风险提供了理论支撑，为重视制造业企业成本粘性对财务分析师盈余预测质量的负向影响提供了启示。

第二，与 Weiss（2010）的研究不同，本书探讨了成本粘性放大制造业上市公司内部经营风险，并降低财务分析师预测质量的作用机制。同时加入 XBRL 标准应用于通用财务报告这一相对外生事件，检验异质化信息供给对成本粘性与财务分析师盈余预测质量之间关系的影响，为说明 XBRL 标准的应用有助于财务分析师识别行业、企业层面风险提供经验证据。

## 7.2　理论分析与研究假设

### 7.2.1　成本粘性与财务分析师盈余预测

财务分析师大多关注上市公司的预期收入和盈利水平，但是往往会忽略其成本特征，降低盈余预测的准确程度。Banker 和 Chen（2006）研究成本特征对盈余预测质量的影响时发现，加入成本粘性因素后的盈余预测模型有利于提高盈余预测准确性。成本粘性增大盈余波动性，进而降低财务分析师盈利预测的准确性（Weiss，2010）。以上研究主要基于成本粘性增大盈余波动性的视角展开，但是在本质上，成本粘性效应的产生源于收入波动，因而成本粘性不仅体现成本与收入之间的非对称性变化，还反映出当收入发生波动时，在行业属性、资产特征以及高管决策行为等因素的共同作用下，企业经营风险被放大的过程。

根据成本粘性的定义，当企业收入下降时，约束性成本和酌量性成本并未能得到及时、有效削减，导致成本下降的幅度小于收入下降的幅度。众多学者在此基础上从调整成本、代理问题和管理层决策行为三个方面验证成本粘性的动因（Anderson et al.，2003；Banker et al.，2013；Banker et al.，2014；Chen et al.，2012）。首先，不同行业企业的主营业务收入和成本构成不同，相比其他行业，制造业上市公司生产资源投入较大，为了节省调整成本，企业往往会选择签订长期契约。当经营环境变化，长期契约使成本缺乏向下弹性，导致企业在短期内无法及时有效削减约束性成本。一旦经营环境恶化，资产使用主体和用途的改变会产生巨大的资产价值减损，成本与收入变动的非对称性状态加剧。其次，基于个人帝国建造动机，高管往往忽视未来宏观经济走势和收入变化，不考虑企业边界、资源约束，进行过度投资，通过维持企业的超常规模来实现薪酬、名誉等方面的个人效用最大化，导致成本出现较高的增速，处于过高的水平，降低资源配置效率和效果，削弱了企业与外部经营环境之间的适应性，加重成本粘性。除此之外，部分学者从高管决策行为的视角研究成本粘性问题并发现，外部经营环境变化不利于高管准确预估未来现金流水平，即决策风险加重了成本粘性的程度。Qin 等（2015）发现过度自信的高管乐观估计未来销售收入，认为销售量下降只是源于短期经济波动，不需要立即对资源和成本进行调整，导致成本粘性加重。

以上三种动因理论揭示了成本粘性的形成过程，以及当收入发生波动时，成本粘性放大企业经营风险的作用机理。具体表现为：当收入水平较高时，随着投资活动增加，企业往往出现过度投资、投资效率低下、产能过剩等现象，但是较好的外部需求和市场前景消化了这些问题；当收入下降时，前期盲目扩张的企业规模和低效率投资并不能带来稳定的现金流入，高昂的成本水平也不能得到及时、有效的缩减，导致企业盈利水平下降，经营风险增大。但是成本粘性现象产生的动因不同，成本与收入之间的非对称性特征反映的经营现状具有较大的差别。基于调整成本动因的成本粘性问题更加符合在宏观经济环境波动情形下，制造业企业的客观经营状况；而以代理问题和高管决策行为为动因的成本粘性问题则更多融入了管理层的主观因素，放大了制造业企业自身的经营风险。在此基础上，财务分析师对未来经济走势的判断和成本粘性现象的识别，构成影响财务分析师盈余预测质量的重要因素，即如果财务分析师对成本粘性及其产生的动因不能准确识别，容易导致其盈余预测质量降低。

基于以上分析，我们初步得到成本粘性与财务分析师盈余预测质量之间的关系。当收入发生波动时，成本粘性增加盈余波动的不规则性变化，导致企业的经营风险增大，财务分析师盈余预测难度增加，盈余预测质量降低。因此，相比不存在成本粘性的制造业上市公司，有成本粘性特征使得财务分析师盈余预测的误差更高，分歧度更大。本章提出：

**假设 H1**：成本粘性降低财务分析师盈余预测质量，即导致盈余预测的误差和分歧度增大。

### 7.2.2　XBRL 标准、成本粘性与财务分析师盈余预测

XBRL 标准的结构体系复杂，其目标在于在成本效益原则约束下，通过便捷、高效抽取并自动转换财务或业务信息的形式，尽可能详细披露上市公司各项交易和事项，帮助报告使用者在系统中查找、获取对自身决策有用的信息，增加信息提供者和使用者之间的交流。因此，XBRL 标准的应用有助于财务分析师识别成本粘性形成的经营风险。具体体现在：首先，成本粘性表现为收入和成本变动程度之间的非对称性，体现为在外部经营环境变化的情形下，收入与成本变动程度之间的关系。如果通用报告无法披露上市公司经营环境、交易事项等实质性差异化信息，则收入与成本之间的非对称性变动所形成的风险信号无法得到有效传递。XBRL 标准的应用有利于补充披露企业自身、行业以及宏观层面等基本面信息，并强调不同公司之间的差异化特征，有助于财务分析师结合经营环境的变化，挖掘收入与成本变化之间的关系，识别可能存在的经营风险。同时，XBRL 标准支持利用软件对不同企业的财务信息进行纵向、横向比较，提高财务分析师信息处理能力及效率（Alles and Piechocki，2012），为其有效识别成本粘性形成的风险提供必要条件。其次，依据现有研究，相比通用财务报告，XBRL 标准的应用有助于提高资本市场资源配置的有效性（郑济孝，2015），通过标准化信息元素，减少投资者信息收集与分析成本，降低股价同步性（Dong et al.，2016；史永和张龙平，2014），充分发挥信息对资源配置的引导作用，为财务分析师盈余预测提供良好的环境。因此，XBRL 标准的应用有助于财务分析师挖掘上市公司信息，识别制造业上市公司的成本粘性形成的经营风险，进而相对客观、准确地进行盈余预测。

基于以上分析，XBRL 标准的应用强调上市公司披露差异化财务信息的重要性，并通过补充披露交易和事项信息，为财务分析师识别成本粘性形成经营风险提供条件和环境，有助于缓解成本粘性与财务分析师盈余预测质量之间的负相关关系。本章提出：

**假设 H2**：XBRL 标准应用提供异质化信息之后，成本粘性降低财务分析师盈余预测质量的效应得到缓解。

图 7-1 基于上述分析及假设，展示了成本粘性影响分析师盈余预测质量，以及 XBRL 标准对上述关系的缓解作用。下文的研究设计及实证分析将论证三者的关系。

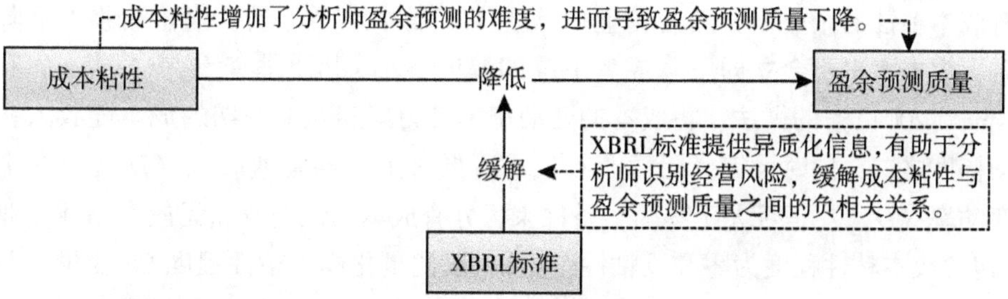


图 7-1　XBRL 标准、成本粘性与盈余预测质量三者之间关系

## 7.3 研究设计

### 7.3.1 模型设定与变量定义

本章验证成本粘性对分析师盈余预测质量的影响，因此从预测误差和预测分歧度两个方面模型设定。针对前文假设，构建以下模型：

$$\text{Ferror}_{i,j,t} = \beta_o + \beta_1 \text{dumcs}_{i,t} + \beta_2 \text{loss}_{i,t} + \beta_3 \text{mv}_{i,t} + \beta_4 \text{tobinsq}_{i,t} + \beta_5 \text{vsale}_{i,t} + \beta_6 \text{day}_{i,t} + \beta_7 \text{follow}_{i,t} + \beta_8 \text{rank}_{i,t} + \text{year} + \text{industry} + \varepsilon_{i,j,t} \quad (1)$$

$$\text{Fdisp}_{i,j,t} = \beta_o + \beta_1 \text{dumcs}_{i,t} + \beta_2 \text{loss}_{i,t} + \beta_3 \text{mv}_{i,t} + \beta_4 \text{tobinsq}_{i,t} + \beta_5 \text{vsale}_{i,t} + \beta_6 \text{day}_{i,t} + \beta_7 \text{follow}_{i,t} + \beta_8 \text{rank}_{i,t} + \text{year} + \text{industry} + \varepsilon_{i,j,t} \quad (2)$$

$$\text{Ferror}_{i,j,t} = \beta_o + \beta_1 \text{dumcs}_{i,t} + \beta_2 \text{XBRL} + \beta_3 \text{XBRL} * \text{dumcs}_{i,t} + \beta_4 \text{loss}_{i,t} + \beta_5 \text{mv}_{i,t} + \beta_6 \text{tobinsq}_{i,t} + \beta_7 \text{vsale}_{i,t} + \beta_8 \text{day}_{i,t} + \beta_9 \text{follow}_{i,t} + \beta_{10} \text{rank}_{i,t} + \text{year} + \text{industry} + \varepsilon_{i,j,t} \quad (3)$$

$$\text{Fdisp}_{i,j,t} = \beta_o + \beta_1 \text{dumcs}_{i,t} + \beta_2 \text{XBRL} + \beta_3 \text{XBRL} * \text{dumcs}_{i,t} + \beta_4 \text{loss}_{i,t} + \beta_5 \text{mv}_{i,t} + \beta_6 \text{tobinsq}_{i,t} + \beta_7 \text{vsale}_{i,t} + \beta_8 \text{day}_{i,t} + \beta_9 \text{follow}_{i,t} + \beta_{10} \text{rank}_{i,t} + \text{year} + \text{industry} + \varepsilon_{i,j,t} \quad (4)$$

模型（1）—（4）中的被解释变量分别是财务分析师盈余预测误差（Ferror）和预测分歧度（Fdisp），具体计算方式如下：

$$\text{Ferror}_{i,j,t} = \frac{\text{FEPS}_{i,j,t} - \text{EPS}_{i,t}}{|\text{EPS}_{i,t}|} \quad (5)$$

（其中：$\text{FEPS}_{i,j,t}$为财务分析师预测盈余，$\text{EPS}_{i,t}$为真实盈余）

$$\text{Fdisp}_{i,j,t} = \frac{\text{sdFEPS}_{i,j,t}}{|\text{EPS}_{i,t}|} \quad (6)$$

模型（1）中的解释变量是成本粘性（dumcs）。根据成本粘性的定义，在有成本粘性的企业中，随着营业收入上升，成本水平上升；当营业收入下降时，成本水平不会立即下降或者下降的幅度很小。因此本章参考 Anderson 和 Lane（2007）[3]的做法，将成本的变动率定义为当期和上一期的成本随收入变动幅度之差，同时设定当期营业收入是否低于上一期营业收入（$D^{rev}$）、成本变动率（$D^{cost}$）是否大于零两个条件来区分有成本粘性企业和无成本粘性企业（包含成本粘性程度为零和反粘性企业），以此量化成本粘性程度 CS 变量，并设置 dumcs 哑变量，成本粘性程度 CS 大于零时 dumcs 为 1，小于或等于零时 dumcs 取 0。

$$\text{cost\_ratio} = \frac{\text{cost}_{i,t}}{\text{rev}_{i,t}} - \frac{\text{cost}_{i,t-1}}{\text{rev}_{i,t-1}} \tag{7}$$

$$\text{CS} = \text{cost\_ratio} \times D^{rev} \times D^{cost} \tag{8}$$

其中，$D^{rev}$和 $D^{cost}$是哑变量，当$\frac{\text{rev}_{i,t}}{\text{rev}_{i,t-1}}<1$ 时，$D^{rev}$取 1，否则取 0。当 cost_radio>0 时，$D^{cost}$取 1，否则取 0。

模型（2）和模型（3）中的 XBBL 变量指代政策实施时间哑变量。本章把 2010 年作为 XBRL 实施推广时间的原因在于，根据 XBRL 在我国的推广进程，2008 年 11 月，我国财政部牵头并联合原银监会、证监会、原保监会、国资委、审计署、中国人民银行、税务总局等部门成立了会计信息化委员会暨 XBRL 中国地区组织。2010 年 10 月财政部起草《企业会计准则通用分类标准》，并发布《基于企业会计准则的可扩展商业报告语言（XBRL）通用分类标准（征求意见稿）》征求意见的通知。此后 XBRL 在我国资本市场得到全面推广。

同时，本章根据 Brown（2001）、Kim and Prather-Kinsey（2010）和 Weiss（2010）的研究，在模型中控制企业利润、市值、投资机会、收入波动等公司层面控制变量，以及财务分析师预测报告距离年报披露日天数、跟踪同行业企业数量、分析师排名等分析师层面控制变量。具体变量定义见表 7.1。

表 7.1　　**变量定义表**

| 变量符号 | 变量名称 | 变 量 定 义 |
| --- | --- | --- |
| Ferror | 财务分析师盈余预测误差 | 用公式（5）计算 |
| Fdisp | 财务分析师盈余预测分歧度 | 用公式（6）计算 |

续表

| 变量符号 | 变量名称 | 变量定义 |
|---|---|---|
| dumcs | 成本粘性 | 根据计算的成本粘性程度设定哑变量，成本粘性程度 CS 大于零时为 1，小于或等于零时取 0 |
| XBRL | XBRL 标准应用 | 2010 年及其之后取 1，之前取 0 |
| loss | 亏损哑变量 | 本期企业发生亏损取 1，否则取 0 |
| size | 规模 | 企业本年度总资产取对数 |
| mv | 市值 | 市场价值取对数 |
| tobinq | 投资机会 | 托宾 Q 值 |
| vsale | 收入波动 | $t$-2、$t$-1 和 $t$ 年收入与总资产比值的滚动标准差 |
| day | 分析师预测报告日 | 分析师盈余预测报告发布日距离年报披露日的天数取对数 |
| follow | 分析师跟踪同行业企业 | 分析师同时跟踪同行业企业的个数取对数 |
| rank | 分析师排名 | 虚拟变量，排名第一位为 1，否则为 0 |
| industry | 行业哑变量 | 根据制造类二级行业设定 |
| year | 年度哑变量 | 根据样本年度区间设定 |

### 7.3.2 研究样本与数据来源

本章选取 2005—2015 年 A 股制造业企业上市公司及跟踪的分析师预测数据为样本，所有数据来自 CSMAR 数据库，剔除了没有发布每股收益预测以及无法用手工补充财务数据的观测值，对所有连续变量进行 1%和 99%分位缩尾处理。经过样本筛选，得到分析师层面 17692 个观测值，公司年度观测值 8610 个。

## 7.4 实证检验与分析

### 7.4.1 描述性统计

表 7.2 为本章主要变量的描述性统计，表明自变量 dumcs 的均值为 0.1056，约有 10.56%的样本有成本粘性特征。本章所用财务分析师个体层面数据，盈余预测误差和分歧度均值与中位数之间的差异较大，表明不同分析师

之间的预测数据差异较大。财务分析师盈余预测误差 Ferror、市值变量 mv、投资机会变量 tobinq 和收入波动变量 vsale 基本符合正态分布。

表 7.2　　　　　　　　　　　　**描述性统计结果**

| 变量 | *N* | 均值 | 标准差 | 中位数 | 最小值 | 最大值 |
|---|---|---|---|---|---|---|
| Ferror | 17647 | 3.2815 | 10.6951 | 0.5560 | 0.0160 | 90.6148 |
| Fdisp | 17647 | 2.6529 | 6.6168 | 0.8143 | 0.1588 | 51.1575 |
| dumcs | 8610 | 0.1056 | 0.3074 | 0 | 0 | 1 |
| loss | 8610 | 0.0772 | 0.2670 | 0 | 0 | 1 |
| mv | 8610 | 23.4471 | 1.0433 | 23.3726 | 21.2207 | 26.1031 |
| tobinq | 8610 | 2.0340 | 1.8378 | 1.3924 | 0.1662 | 8.8833 |
| vsale | 8610 | 21.3049 | 1.3137 | 20.9235 | 19.2998 | 25.7116 |
| day | 8610 | 5.0099 | 0.7587 | 5.1873 | 2.0794 | 5.8777 |
| follow | 8610 | 0.0094 | 0.1169 | 0 | 0 | 2.0794 |
| rank | 8610 | 0.2872 | 0.4524 | 0 | 0 | 1 |

## 7.4.2　相关系数分析

表 7.3 是本章主要变量的相关系数表，可以看到，财务分析师盈余预测误差 Ferror 与分歧度 Fdisp 之间的相关系数为 0.971，表明财务分析师盈余预测误差越大，盈余预测的分歧度越大。成本粘性变量 dumcs 与财务分析师盈余预测误差 Ferror、分歧度 Fdisp 之间的相关系数分别为 0.180 和 0.185，表明成本粘性与财务分析师盈余预测误差，分歧度之间存在显著的相关关系。其他变量之间的相关系数都小于 0.5。

表 7.3　　　　　　　　　　　　**相关系数检验结果**

| | Ferror | Fdisp | dumcs | loss | mv | tobinq | vsale | day | follow | rank |
|---|---|---|---|---|---|---|---|---|---|---|
| ferror | 1 | | | | | | | | | |
| fdisp | 0.971*** | 1 | | | | | | | | |
| dumcs | 0.180*** | 0.185*** | 1 | | | | | | | |

续表

| | Ferror | Fdisp | dumcs | loss | mv | tobinq | vsale | day | follow | rank |
|---|---|---|---|---|---|---|---|---|---|---|
| loss | 0. 298 *** | 0. 271 *** | 0. 391 *** | 1 | | | | | | |
| mv | -0. 068 *** | -0. 082 *** | -0. 065 *** | -0. 111 *** | 1 | | | | | |
| tobinq | -0. 112 *** | -0. 108 *** | -0. 164 *** | -0. 182 *** | 0. 285 *** | 1 | | | | |
| vsale | 0. 039 *** | 0. 023 *** | 0. 087 *** | 0. 126 *** | 0. 564 *** | -0. 303 *** | 1 | | | |
| day | 0. 009 | 0. 004 | 0. 020 *** | 0. 007 | -0. 041 *** | -0. 033 *** | -0. 011 | 1 | | |
| follow | -0. 013 * | -0. 019 ** | 0. 008 | -0. 015 * | -0. 081 *** | 0. 017 ** | -0. 050 *** | 0. 065 *** | 1 | |
| rank | 0. 040 *** | 0. 043 *** | 0. 107 *** | 0. 140 *** | -0. 012 | -0. 118 *** | 0. 123 *** | -0. 012 | -0. 028 *** | 1 |

注：***、**、*分别代表在 0. 01、0. 05 和 0. 1 水平的显著。

### 7.4.3 多元回归分析

首先，本章对模型（1）和（2）进行检验。表 7.4 中，第 2 列和第 4 列是普通最小二乘法的回归结果，第 3 列和第 5 列是固定效应的回归结果。第 2 列和第 3 列检验了成本粘性对财务分析师盈余预测误差的影响。结果显示，第 2 列 dumcs 变量的回归系数为 1. 888（$t$=6. 91），在 1%水平上显著为正值，说明在有成本粘性的样本中，财务分析师盈余预测误差更大；第 3 列固定效应模型中 dumcs 变量的回归系数为 1. 664（$t$=6. 39），检验结果与普通最小二乘法的检验结果一致，表明成本粘性使得财务分析师盈余预测误差显著增加，准确度降低。第 4 列和第 5 列检验了成本粘性对财务分析师盈余预测分歧度的影响。第 4 列 dumcs 变量的回归系数为 1. 331（$t$=7. 87），在 1%水平上显著为正值，说明在有成本粘性的样本中，财务分析师盈余预测分歧度更大；第 5 列固定效应模型中 dumcs 变量的回归系数为 1. 058（$t$=6. 62），检验结果与普通最小二乘法的检验结果一致，说明成本粘性使得财务分析师盈余预测分歧度显著增大。本章假设 H1 成立。

表 7.4　　**成本粘性与财务分析师盈余预测质量的检验结果**

| | 模型（1） | 模型（1） | 模型（2） | 模型（2） |
|---|---|---|---|---|
| | OLS | FE | OLS | FE |
| dumcs | 1. 888 ***<br>（6. 91） | 1. 664 ***<br>（6. 39） | 1. 331 ***<br>（7. 87） | 1. 058 ***<br>（6. 62） |

续表

| | 模型（1） | 模型（1） | 模型（2） | 模型（2） |
|---|---|---|---|---|
| | OLS | FE | OLS | FE |
| loss | 9.747*** | 6.814*** | 4.916*** | 2.830*** |
| | (30.06) | (19.73) | (24.49) | (13.36) |
| mv | −0.736*** | −2.040*** | −0.746*** | −1.754*** |
| | (−5.82) | (−7.97) | (−9.53) | (−11.17) |
| tobinq | −0.313*** | 0.281*** | −0.234*** | 0.232*** |
| | (−4.98) | (2.88) | (−6.03) | (3.89) |
| vsale | 0.063 | −0.121 | 0.058 | −0.113 |
| | (0.60) | (−0.87) | (0.89) | (−1.32) |
| day | 0.142 | 0.185** | 0.040 | 0.083 |
| | (1.44) | (2.18) | (0.65) | (1.59) |
| follow | 0.267 | 0.388 | 0.080 | 0.151 |
| | (0.37) | (0.62) | (0.18) | (0.39) |
| rank | −0.491*** | −0.518*** | −0.259** | −0.237*** |
| | (−2.90) | (−3.51) | (−2.47) | (−2.61) |
| _cons | 20.783*** | 46.266*** | 18.067*** | 40.593*** |
| | (7.86) | (8.23) | (11.04) | (11.78) |
| year | 控制 | − | 控制 | − |
| industry | 控制 | − | 控制 | − |
| year FE | − | 控制 | − | 控制 |
| industry FE | − | 控制 | − | 控制 |
| $N$ | 8610 | 8610 | 8610 | 8610 |
| $r^2$ | 0.169 | 0.057 | 0.168 | 0.053 |
| $F$ | 77.990 | 58.046 | 77.466 | 53.743 |

注：$t$ statistics in parentheses * $p<0.1$，** $p<0.05$，*** $p<0.01$。

其次，本章对模型（3）和（4）进行检验。表 7.5 中，第 2 列和第 4 列是双重差分的回归结果，第 3 列和第 5 列是加入固定效应后的回归结果。第 2 列和第 3 列检验了 XBRL 标准实施后，成本粘性对财务分析师盈余预测误差的影响。结果显示，第 2 列 dumcs 变量与 XBRL 变量交互项的回归系数为−3.875

($t$=-5.86)，在1%水平上显著为负值，说明 XBRL 标准应用之后，成本粘性增大财务分析师盈余预测误差的效应显著被抑制；第 3 列固定效应模型中 dumcs 变量与 XBRL 变量交互项的回归系数为-2.563 ($t$=-4.22)，检验结果与第 2 列的检验结果一致，表明 XBRL 缓解了成本粘性与财务分析师盈余预测误差之间的正相关关系，即 XBRL 标准的实施有利于财务分析师识别成本粘性问题。第 4 列和第 5 列检验了 XBRL 标准应用之后，成本粘性对财务分析师盈余预测分歧度的影响。结果显示，第 4 列 dumcs 变量与 XBRL 变量交互项的回归系数为-2.453 ($t$=-6.00)，在 1%水平上显著为负值，说明 XBRL 实施后，成本粘性增加财务分析师盈余预测分歧度的效应显著被抑制；第 5 列固定效应模型中 dumcs 变量与 XBRL 变量交互项的回归系数为-1.401 ($t$=-3.75)，检验结果与第 4 列的检验结果一致，表明 XBRL 标准缓解了成本粘性与财务分析师盈余预测分歧度之间的正相关关系，有利于财务分析师识别成本粘性形成的风险，其他控制变量的回归结果与模型（1）和（2）基本一致。表 7.5 的检验结果表明，XBRL 标准的应用增加了上市公司信息透明度，有利于财务分析师识别制造业企业的成本粘性问题，进而提高盈余预测准确程度。本章假设 H2 成立。

表 7.5　**XBRL 标准，成本粘性与财务分析师盈余预测质量的检验**

| | 模型（3） | 模型（3） | 模型（4） | 模型（4） |
|---|---|---|---|---|
| dumcs | 4.979*** (8.38) | 3.794*** (6.95) | 3.289*** (8.95) | 2.413*** (7.19) |
| XBRL | 3.713*** (5.30) | 2.150*** (9.32) | 3.367*** (7.77) | 1.422*** (10.02) |
| dumcs * XBRL | -3.875*** (-5.86) | -2.563*** (-4.22) | -2.453*** (-6.00) | -1.401*** (-3.75) |
| loss | 9.945*** (30.53) | 7.266*** (21.58) | 5.042*** (25.00) | 3.406*** (16.44) |
| mv | -0.740*** (-5.85) | -1.208*** (-6.37) | -0.748*** (-9.57) | -0.637*** (-5.46) |
| tobinq | -0.301*** (-4.80) | -0.052 (-0.63) | -0.227*** (-5.85) | -0.110** (-2.17) |
| vsale | 0.084 (0.80) | -0.051 (-0.37) | 0.071 (1.10) | -0.096 (-1.14) |

续表

| | 模型（3） | 模型（3） | 模型（4） | 模型（4） |
|---|---|---|---|---|
| day | 0.141<br>(1.44) | 0.175**<br>(2.07) | 0.039<br>(0.65) | 0.068<br>(1.30) |
| follow | 0.134<br>(0.18) | -0.613<br>(-1.08) | -0.004<br>(-0.01) | -0.544<br>(-1.55) |
| rank | -0.450***<br>(-2.66) | -0.440***<br>(-2.98) | -0.233**<br>(-2.23) | -0.147<br>(-1.62) |
| _cons | 20.591***<br>(7.80) | 29.566***<br>(6.70) | 17.945***<br>(10.98) | 18.016***<br>(6.64) |
| year | 控制 | - | 控制 | - |
| industry | 控制 | - | 控制 | - |
| year FE | - | 控制 | - | 控制 |
| industry FE | - | 控制 | - | 控制 |
| $N$ | 8610 | 8610 | 8610 | 8610 |
| $r^2$ | 0.171 | 0.051 | 0.170 | 0.041 |
| $F$ | 77.206 | 92.546 | 76.734 | 74.182 |

注：$t$ statistics in parentheses * $p< 0.1$，** $p< 0.05$，*** $p< 0.01$。

### 7.4.4 机制检验

企业规模与资源要素的配置水平密切相关，反映劳动力、生产资料和产品的集中程度。企业规模越大，生产成本形成的经营风险越不容易被财务分析师识别。首先，相比小规模企业，大规模企业在规模经济、风险承担和融资渠道等方面具有比较优势，有利于提高生产率（王良举和陈甬军，2013；张礼卿和孙俊新，2010）。也有研究发现，企业形成的规模经济效应对提升生产率和降低生产成本的影响并不是线性的，当企业规模扩张到一定程度时，投入与产出之间的关系由正向变成负向，甚至没有显著关系（柴俊武和万迪昉，2003；聂辉华等，2008）。因此，规模是影响企业资源配置效率和投入产出比例的重要因素，有可能导致成本与收入变化之间的非对称性增加、成本粘性问题加重，并进而影响财务分析师盈余预测质量。其次，企业规模越大导致其成本水平和增速往往更高。当外部经济环境发生变化时，企业面临调整成本越多，越容易使成本偏离资源配置的最佳状态，因而企业规模越大，源于调整成本形成的成本粘性问题越严重，对财务分析师盈余预测质量的影响也越大。XBRL 标准的应用有助于财务分析师从报表数字追踪到实际交易事项，并对同行业企业进行有效对比，有助于财务分析师有效识别企业的经营风险，缓解成本粘性对财务分析师盈余预测质量的负向作用。因此在规模较大的企业中，XBRL 标准的应用更加有可能通过异质化信息的披露，缓解企业成本粘性与财务分析师盈余预测质量之间的负相关关系。

本章按照公司规模的中位数把样本分组，进行相关检验。回归结果如表 7.6 所示，在大规模分样本中，模型（3）和（4）的交互项 dumcs * XBRL 变量系数分别为-12.972 和-1.733（$t$=-3.12；-1.81），在 1%和 10%的水平上显著，表明 XBRL 标准的应用有利于财务分析师识别制造业企业的成本粘性问题，提高盈余预测准确程度。但是在小规模分样本中，模型（3）和（4）的交互项 dumcs * XBRL 变量系数分别为 3.338 和 0.277（$t$=2.07；0.57），表明 XBRL 报告的实施未减轻成本粘性与财务分析师盈余预测质量之间的负相关关系。对比两组分样本回归结果，公司规模越大，XBRL 标准的应用越有利于缓解成本粘性与财务分析师盈余预测质量之间的负相关关系，即公司规模是影响 XBRL、成本粘性与财务分析师盈余预测质量之间作用机制的重要变量。

表 7.6 **XBRL 标准，成本粘性与财务分析师盈余预测质量的机制检验**

| | 模型（3） | 模型（3） | 模型（4） | 模型（4） |
|---|---|---|---|---|
| | 大规模 | 小规模 | 大规模 | 小规模 |
| dumcs | 16.670*** | 4.507*** | 2.036** | 2.551*** |
| | (4.12) | (3.54) | (2.19) | (6.68) |
| XBRL | 1.156 | 9.502*** | 3.337** | 4.642*** |
| | (0.16) | (6.39) | (2.05) | (10.38) |
| dumcs * XBRL | -12.972*** | 3.338** | -1.733* | 0.277 |
| | (-3.12) | (2.07) | (-1.81) | (0.57) |
| loss | 13.903*** | 26.152*** | 3.584*** | 7.780*** |
| | (11.77) | (25.84) | (13.19) | (25.60) |
| mv | 4.040*** | 0.605 | 0.399*** | -0.307*** |
| | (6.04) | (1.53) | (2.60) | (-2.58) |

续表

| | 模型（3） | 模型（3） | 模型（4） | 模型（4） |
|---|---|---|---|---|
| | 大规模 | 小规模 | 大规模 | 小规模 |
| tobinq | -1. 570*** | -1. 472*** | -0. 606*** | -0. 532*** |
| | (-3. 89) | (-9. 40) | (-6. 52) | (-11. 32) |
| vsale | -2. 539*** | -1. 615*** | -0. 433*** | 0. 023 |
| | (-5. 26) | (-3. 95) | (-3. 90) | (0. 19) |
| day | 0. 700* | 0. 601** | 0. 066 | 0. 070 |
| | (1. 82) | (2. 28) | (0. 74) | (0. 88) |
| follow | -6. 416 | 0. 753 | -2. 208 | 0. 377 |
| | (-1. 06) | (0. 51) | (-1. 59) | (0. 86) |
| rank | -2. 314*** | 0. 072 | -0. 193 | -0. 229 |
| | (-3. 56) | (0. 15) | (-1. 29) | (-1. 63) |
| _cons | 48. 579*** | 11. 562 | 15. 214*** | 4. 294 |
| | (3. 28) | (0. 93) | (4. 47) | (1. 15) |
| year | 控制 | - | 控制 | - |
| industry | 控制 | - | 控制 | - |
| year FE | - | 控制 | - | 控制 |
| industry FE | - | 控制 | - | 控制 |
| $N$ | 4310 | 4300 | 4310 | 4300 |
| $r^2$ | 0. 196 | 0. 151 | 0. 198 | 0. 233 |
| $F$ | 51. 059 | 33. 935 | 51. 640 | 57. 862 |

注：$t$ statistics in parentheses * $p$< 0. 1，** $p$< 0. 05，*** $p$< 0. 01。

### 7. 4. 5　稳健性检验

为了增强前文实证检验的可靠性，本章在稳健性检验中用倾向得分匹配法（PSM-DID）和替换成本粘性变量的方法进行稳健性检验。

倾向得分匹配检验。本章把有成本粘性的制造业企业设置为实验组，根据其 XBRL 标准应用前一年的二级行业、盈利水平、市值、规模等指标，通过最邻近匹配寻找到与实验组匹配的对照组样本。最终，共获得 7360 个样本进行回归。检验结果如表 7. 7 第 2—5 列所示，模型（1）dumcs 变量的系数为

1.272（$t$=3.96），在1%水平上显著，表明成本粘性显著增加财务分析师盈余预测误差；模型（2）dumcs变量的系数为0.900（$t$=4.53），在1%水平上显著，表明成本粘性显著增加财务分析师盈余预测分歧度；模型（3）中交互项dumcs * XBRL变量的系数为-4.844（$t$=-2.80），在1%水平上显著，表明XBRL标准应用后，成本粘性与财务分析师盈余预测误差之间的负相关关系显著缓解；模型（4）中交互项dumcs * XBRL变量的系数为-3.271（$t$=-3.06），在1%水平上显著，表明XBRL报告实施后，成本粘性与财务分析师盈余预测分歧度之间的负相关关系显著缓解。检验结果与前文实证结果一致。

表7.7 **稳健性检验**

| | 倾向性匹配样本检验 | | | | 替换成本粘性变量检验 | | | |
|---|---|---|---|---|---|---|---|---|
| | 模型(1) | 模型(2) | 模型(3) | 模型(4) | 模型(1) | 模型(2) | 模型(3) | 模型(4) |
| dumcs | 1.272*** | 0.900*** | 5.955*** | 4.063*** | - | - | - | - |
| | (3.96) | (4.53) | (3.50) | (3.86) | - | - | - | - |
| CS | - | - | - | - | 1.260*** | 0.675*** | 3.113*** | 2.836*** |
| | - | - | - | - | (7.35) | (6.40) | (3.41) | (4.33) |
| XBRL | - | - | 4.017** | 3.519*** | - | - | 10.009*** | 7.237*** |
| | - | - | (2.50) | (3.53) | - | - | (5.04) | (5.07) |
| dumcs * XBRL | - | - | -4.844*** | -3.271*** | - | - | - | - |
| | - | - | (-2.80) | (-3.06) | - | - | - | - |
| CS * XBRL | - | - | - | - | - | - | -2.009** | -2.346*** |
| | - | - | - | - | - | - | (-2.00) | (-3.25) |
| loss | 10.102*** | 5.093*** | 10.134*** | 5.115*** | 7.387*** | 3.249*** | 12.722*** | 8.703*** |
| | (27.43) | (22.34) | (27.51) | (22.43) | (22.03) | (15.74) | (15.48) | (14.73) |
| mv | -0.583*** | -0.702*** | -0.593*** | -0.709*** | -2.443*** | -2.010*** | -4.223*** | -3.213*** |
| | (-3.71) | (-7.22) | (-3.77) | (-7.29) | (-9.68) | (-12.95) | (-5.78) | (-6.12) |
| tobinq | -0.351*** | -0.243*** | -0.347*** | -0.240*** | 0.407*** | 0.305*** | 0.111 | -0.154 |
| | (-4.71) | (-5.27) | (-4.66) | (-5.21) | (4.20) | (5.11) | (0.44) | (-0.84) |
| vsale | -0.037 | 0.034 | -0.028 | 0.040 | -0.041 | -0.064 | -0.145 | 0.390 |
| | (-0.29) | (0.43) | (-0.22) | (0.51) | (-0.30) | (-0.75) | (-0.32) | (1.20) |
| day | 0.140 | 0.033 | 0.140 | 0.033 | 0.224*** | 0.102** | -0.079 | -0.046 |
| | (1.24) | (0.48) | (1.23) | (0.47) | (2.65) | (1.96) | (-0.41) | (-0.34) |
| follow | -5.151 | -3.319 | -5.043 | -3.246 | 0.303 | 0.106 | 2.581** | 1.457 |
| | (-1.54) | (-1.60) | (-1.50) | (-1.56) | (0.48) | (0.28) | (1.99) | (1.56) |
| rank | -0.532*** | -0.270** | -0.520*** | -0.262** | -0.415*** | -0.179** | -0.334 | 0.121 |
| | (-2.70) | (-2.21) | (-2.63) | (-2.14) | (-2.83) | (-1.98) | (-0.97) | (0.49) |

续表

| | 倾向性匹配样本检验 | | | | 替换成本粘性变量检验 | | | |
|---|---|---|---|---|---|---|---|---|
| | 模型(1) | 模型(2) | 模型(3) | 模型(4) | 模型(1) | 模型(2) | 模型(3) | 模型(4) |
| _cons | 20.810*** | 18.353*** | 20.804*** | 18.349*** | 52.189*** | 44.524*** | 98.911*** | 65.443*** |
| | (6.11) | (8.70) | (6.11) | (8.70) | (9.39) | (13.03) | (6.46) | (5.94) |
| year FE | Yes | Yes | Yes | Yes | Yes | Yes | Yes | Yes |
| industry FE | Yes | Yes | Yes | Yes | Yes | Yes | Yes | Yes |
| $N$ | 7360 | 7360 | 7360 | 7360 | 8610 | 8610 | 8610 | 8610 |
| $r^2$ | 0.172 | 0.171 | 0.172 | 0.172 | 0.061 | 0.057 | 0.126 | 0.139 |
| $F$ | 67.733 | 67.424 | 66.463 | 66.199 | 61.985 | 57.358 | 30.992 | 34.955 |

注：$t$ statistics in parentheses * $p< 0.1$，** $p< 0.05$，*** $p< 0.01$。

替换成本粘性的度量方式。前文借鉴 Anderson 和 Lane（2007）的方法度量成本粘性，在稳健性检验中，本章参考 Weiss（2010）的方法，找到一年中距离年末最近的营业收入下降和上升的季度，将其营业收入和营业成本代入公式（9）计算成本粘性，再进行模型检验。由于这种方法在计算成本粘性时只考虑收入下降时成本降低相对于收入上升时成本上升的变化程度，因此结果包含成本粘性和反成本粘性。本章计算的成本粘性 CS 的描述性统计为：均值为 0.0363，标准差为 0.5902，中位数为-0.0001，最大值为 2.2506，最小值为-1.9687，其中，均值水平高于 Weiss（2010）计算的美国上市公司成本粘性均值水平（-0.0174），低于梁上坤（2016）计算的我国央企成本粘性水平（0.1396），计算结果在一定程度上说明，除去样本期限的偏差，我国制造业上市公司成本粘性水平高于美国上市公司成本粘性水平，并且我国央企成本粘性水平更高。

$$CS_{it} = \mathrm{Log}(\Delta \mathrm{Cost}/\Delta \mathrm{Sale})_{\mathrm{down}} - \mathrm{Log}(\Delta \mathrm{Cost}/\Delta \mathrm{Sale})_{\mathrm{up}} \tag{9}$$

模型检验结果如表 7.7 第 6—9 列所示，模型（1）CS 变量的系数为 1.260（$t$=7.35），在 1%水平上显著，表明成本粘性显著增加财务分析师盈余预测误差；模型（2）dumcs 变量的系数为 0.675（$t$=6.40），在 1%水平上显著，表明成本粘性显著增加财务分析师盈余预测分歧度；模型（3）中交互项 CS * XBRL 变量的系数为-2.009（$t$=-2.00），在 5%水平上显著，表明 XBRL 标准应用后，成本粘性与财务分析师盈余预测误差之间的负相关关系显著缓解；模型（4）中交互项 CS * XBRL 变量的系数为-2.346（$t$=-3.25），在 1%水平上显著，表明 XBRL 报告实施后，成本粘性与财务分析师盈余预测分歧度之间的负相关关系显著缓解。检验结果与前文实证结果一致。

动态时间效应检验。根据 XBRL 在我国的推广进程，本章把 2010 年作为 XBRL 实施推广的时间。由于政策的实施具有学习效应，部分上市公司会推迟实施时间，因此本章验证其形成的动态时间效应，即检验 XBRL 全面推广后的第二年（2011 年）、第三年（2012 年）、第四年（2013 年）和第五年（2014 年）对成本粘性与分析师盈余预测质量之间关系的影响。检验结果如表 7.8 所示，在 XBRL 实施后的第二年，模型（3）中交互项 dumcs * XBRL 变量的系数为-2.525（$t$=-4.01），在 1%水平上显著；模型（4）中交互项 dumcs * XBRL 变量的系数为-1.674（$t$=-4.24），在 1%水平上显著；在 XBRL 实施后的第三年，模型（3）中交互项 dumcs * XBRL 变量的系数为-3.555（$t$=-5.73），在 1%水平上显著；模型（4）中交互项 dumcs * XBRL 变量的系数为-2.090（$t$=-5.43），在 1%水平上显著；在 XBRL 实施后的第四年，模型（3）中交互项 dumcs * XBRL 变量的系数为-3.311（$t$=-6.47），在 1%水平上显著；模型（4）中交互项 dumcs * XBRL 变量的系数为-1.555（$t$=-4.89），在 1%水平上显著；在 XBRL 实施后的第五年，模型（3）中交互项 dumcs * XBRL 变量的系数为-1.157（$t$=-2.08），在 1%水平上显著；模型（4）中交互项 dumcs * XBRL 变量的系数为-0.902（$t$=-2.61），在 1%水平上显著。从回归系数上看，回归系数从第二年到第三年有增大的趋势，说明 XBRL 的实施存在学习效应。

表 7.8 **时间动态效应检验**

| | 2011 年 | | 2012 年 | | 2013 年 | | 2014 年 | |
|---|---|---|---|---|---|---|---|---|
| | 模型（3） | 模型（4） | 模型（3） | 模型（4） | 模型（3） | 模型（4） | 模型（3） | 模型（4） |
| dumcs | 4.199*** | 2.811*** | 3.708*** | 2.542*** | 2.950*** | 1.823*** | 1.930*** | 1.438*** |
| | (7.54) | (8.06) | (7.28) | (8.03) | (8.66) | (8.62) | (6.24) | (7.49) |
| XBRL | 3.563*** | 3.295*** | 4.458*** | 3.764*** | 3.869*** | 3.397*** | 3.625*** | 3.341*** |
| | (5.16) | (7.62) | (6.39) | (8.68) | (5.50) | (7.78) | (5.13) | (7.62) |
| dumcs * XBRL | -2.525*** | -1.674*** | -3.555*** | -2.090*** | -3.311*** | -1.555*** | -1.157** | -0.902*** |
| | (-4.01) | (-4.24) | (-5.73) | (-5.43) | (-6.47) | (-4.89) | (-2.08) | (-2.61) |
| loss | 10.371*** | 5.238*** | 9.387*** | 4.663*** | 10.159*** | 5.131*** | 9.942*** | 5.055*** |
| | (31.47) | (25.36) | (26.81) | (21.44) | (31.12) | (25.33) | (30.50) | (25.00) |
| mv | -0.775*** | -0.778*** | -1.010*** | -0.917*** | -0.753*** | -0.760*** | -0.760*** | -0.760*** |
| | (-5.88) | (-9.43) | (-7.69) | (-11.24) | (-5.97) | (-9.73) | (-6.02) | (-9.71) |

续表

| | 2011 年 | | 2012 年 | | 2013 年 | | 2014 年 | |
|---|---|---|---|---|---|---|---|---|
| | 模型（3） | 模型（4） | 模型（3） | 模型（4） | 模型（3） | 模型（4） | 模型（3） | 模型（4） |
| tobinq | -0.342*** | -0.248*** | -0.282*** | -0.207*** | -0.306*** | -0.231*** | -0.304*** | -0.230*** |
| | (-5.35) | (-6.19) | (-4.35) | (-5.13) | (-4.91) | (-5.96) | (-4.87) | (-5.95) |
| vsale | 0.135 | 0.106 | 0.106 | 0.088 | 0.107 | 0.082 | 0.093 | 0.075 |
| | (1.22) | (1.53) | (0.97) | (1.31) | (1.03) | (1.27) | (0.89) | (1.16) |
| day | 0.159 | 0.041 | 0.295*** | 0.117* | 0.158 | 0.048 | 0.171* | 0.055 |
| | (1.57) | (0.65) | (2.86) | (1.82) | (1.62) | (0.80) | (1.75) | (0.91) |
| follow | 0.353 | 0.146 | 0.192 | 0.034 | 0.233 | 0.048 | 0.260 | 0.059 |
| | (0.49) | (0.32) | (0.27) | (0.08) | (0.32) | (0.11) | (0.36) | (0.13) |
| rank | -0.228 | -0.101 | -0.543*** | -0.275** | -0.342** | -0.179* | -0.382** | -0.192* |
| | (-1.28) | (-0.90) | (-3.05) | (-2.48) | (-2.03) | (-1.70) | (-2.26) | (-1.84) |
| _cons | 33.604*** | 25.182*** | 45.823*** | 32.249*** | 29.359*** | 22.828*** | 30.231*** | 23.136*** |
| | (9.45) | (11.30) | (12.38) | (14.02) | (8.92) | (11.18) | (9.18) | (11.33) |
| year FE | 控制 | 控制 | 控制 | 控制 | 控制 | 控制 | 控制 | 控制 |
| industry FE | 控制 | 控制 | 控制 | 控制 | 控制 | 控制 | 控制 | 控制 |
| $N$ | 8610 | 8610 | 8610 | 8610 | 8610 | 8610 | 8610 | 8610 |
| $r^2$ | 0.146 | 0.153 | 0.193 | 0.189 | 0.188 | 0.183 | 0.187 | 0.182 |
| $F$ | 56.755 | 59.990 | 79.651 | 77.821 | 86.270 | 83.196 | 85.289 | 82.750 |

注：$t$ statistics in parentheses * $p<0.1$，** $p<0.05$，*** $p<0.01$。

## 7.5 研究结论

本章以 2005—2015 年沪深 A 股制造业上市公司数据为样本，研究成本粘性增加企业的经营风险、降低了财务分析师盈余预测质量的作用机理，以及实施 XBRL 标准对上述关系的缓解作用。研究结果表明，成本粘性降低了财务分析师盈余预测质量，增加了盈余预测误差和预测分歧度；XBRL 标准应用之后，成本粘性导致财务分析师盈余预测误差增加和分歧度的效应减弱。同时公司规模越大，XBRL 标准的应用缓解成本粘性与财务分析师盈余预测质量之间负相关关系的效应越显著。

# 第8章　总　　结

## 8.1　政策建议

本书为从企业风险视角研究成本粘性的成因和经济后果，为成本粘性的现有研究成果提供了新的思路，为区分宏观经济因素、企业自身经济特征等基本因素和代理因素对成本粘性程度形成不同程度的影响提供了理论分析框架和经验证据。本书通过上述相关研究，为缓解成本粘性程度、提高企业效率和资源配置能力、管控企业风险、促进其持续发展提供以下政策建议：

第一，重视宏观经济不确定性因素，提高企业投资效率。企业的投资行为不仅因经营战略、目标不同存在差异，还会受到行业形态和经济环境的影响。对于制造类企业来说，现金持有水平、资金需求会因行业形态呈现周期性波动，使得企业的投资行为具有周期性特征。然而，企业在动态的经济环境中生存和发展，资金需求和融资能力会随着宏观经济的波动发生变化，一旦经济环境恶化，企业的投资效率就会降低，风险水平就会增加。因此，深刻理解宏观经济环境与企业投资活动之间的关系，有利于帮助制造类企业根据宏观经济变化积极调整其投资行为，使得企业的投资行为更好适应市场环境，提高投资效率和预期收益率，增加企业价值，实现企业持续、健康发展的目标。

第二，适当采用逆周期投资策略，降低企业风险水平。企业的投资行为与宏观经济波动具有“顺周期”特征，在经济繁荣期，较好的盈利水平增强了高管对未来预期的乐观程度，大规模的扩张投资活动使得企业产能增速较大，导致成本水平大幅度增加；当经济走势发生逆转，面临市场需求下降，高管往往无法有效解决产能过剩、资产利用效率低等问题，导致企业风险增大。因此，在进行投资扩张活动时，高管应该重视投资效率和资产的使用状况，避免进行过分偏离主业的投资活动；同时也要认识到，虽然经济衰退期的市场前景不好，但是企业在经济衰退期的投资成本会大幅减少，适当采取逆周期投资战略，将有利于企业降低投资成本，提高其竞争能力，并预期获得更高的收益水平，进而降低宏观经济波动对企业风险的影响。

第三，提高风险预测能力，缓解企业绩效的波动性。宏观经济波动是导致企业出现投资效率较低、产能过剩等问题的主要原因，是企业风险的重要来源，给社会发展和宏观经济带来负面影响。因此在宏观经济不确定情形下，运用市场运行机制推动产业结构优化调整的同时，提高对国内外宏观经济走势的判断，以及对行业形态的预测能力，积极探索引发经济危机的原因及其化解措施，有利于为企业的生存和发展创造相对稳定的经营环境，使得市场机制更好地发挥资源配置作用，帮助增强企业抵御风险的能力，使企业根据市场信号进行有效的投资决策，进而更好地防范经济风险，提高企业价值。

第四，高管薪酬契约是缓解股东与高管之间的代理冲突，把高管个人收益和企业经济绩效联系在一起，使双方共享利润、共担风险的公司治理措施。基于本书的研究发现，综合反映外部经济风险和内部决策风险的成本粘性显著降低了高管薪酬业绩敏感性，影响了高管薪酬契约的有效性。因此，企业在制定和实施高管薪酬契约的过程中，既要关注基于短期业绩基础的货币薪酬，又要关注基于长期业绩基础的股权类薪酬；既要考察高管的账面绩效，又要考察高管的市场绩效；既要从绩效视角测度高管人员的努力程度，又要从风险承担和风险控制视角测度高管人员的努力程度，增强高管的风险意识，提高高管决策的长期视野，改善高管薪酬契约的有效性。

第五，财务分析师应关注上市公司的成本粘性特征，善用 XBRL 工具挖掘成本粘性信息，提供更有说服力的盈余预测报告。同时，财务报告使用者（含潜在投资人、债权人）应多维度审视公司收入增长、成本粘性及分析师预测报告之间的辩证关系，提高决策有效性。并且对于规模较大的制造业上市公司来说，应重视 XBRL 提供信息的深度和广度，关注成本粘性的影响，抑制管理层过于自信的决策冲动，降低企业的代理成本。

## 8.2 政策启示

本书启示我们：宏观经济周期性波动给企业的投资、融资和经营活动带来较大的影响，收入和产生收入所耗费成本之间的不对称性变动反映了企业遭遇的宏观经济风险和微观经营风险，成为影响其持续经营的重要风险因素。因此我们对成本粘性问题的研究，不仅应该从企业的资产特征等经济因素着手，还应该结合契约理论，深入考虑高管的代理行为对企业资源配置、利用效率的影响，结合企业不同的治理环境和发展阶段，挖掘影响成本粘性问题的重要原因。高管在建造个人帝国的动机驱使下，往往不顾未来经济趋势和企业收入状况，过分扩大企业的规模，进行过度投资，导致企业出现过高的成本增速和水平。由于这些投资行为和企业的核心竞争力相差很远，企业有限的经营能力使资产不能够得到合理、充分、有效利用，资源配置效率降低，给企业和股东带来巨大的潜在风险。因此，高管的机会主义行为是影响资源配置效率和效果、加重企业成本粘性程度的重要原因。高管应该强化受托责任意识，树立正确的成本管理理念，进行有效投资，并且合理利用资产，使企业活动与不断变化的环境之间保持适度的弹性能力，缓解成本的粘性特征对企业造成的负面影响。本书的实证结果揭示了企业成本粘性问题的重要本质，为约束高管的机会主义行为和降低企业成本粘性程度提供了新的思路和建议，具体如下：

第一，成本是企业资源投入、占用和消耗的结果，在企业的经营过程中，成本水平不仅仅受到高管战略选择正确性的影响，并且与高管决策、管理水平和驾驭风险的能力有极大的相关性。企业在不断循环的经济周期中生存，当市场环境景气度高时，高管加大资源投入力度，使成本水平和增长幅度迅速提高，但是严重的成本问题被良好的收入水平遮掩，低效投资、无效收购、资源浪费问题都得以掩盖，一旦市场环境景气度下滑，收入下降，成本问题只能“晒在沙滩”，高昂的成本水平难以控制，给企业带来巨大风险。因此，高管必须认识到企业成本管理的本质是合理运用资产，增强对市场环境的预估能力以及改善管理决策水平，充分利用企业的生产经营能力；在投资活动中，围绕企业的核心竞争力进行适度的相关多元化投资，同时发挥规模经济、范围经济和学习曲线的效应，重视投资收益。只有经营资源得到有效利用，成本处于最优水平，企业才能在动态的经济环境中具有抵御风险的能力。

第二，由于股东和高管之间存在代理矛盾，高管在进行日常的成本决策时通常偏离股东利益最大化目标，虽然高成本、低效率的经营状况在市场前景较好时没有暴露，却构成了企业潜在的经营风险，当业务量下降，高管在短期内无法调整前期投入导致的大量约束性成本，而酌量性成本也由于“刚性”的特征难以得到有效控制，错配资源的占用和耗用会持续转化为成本费用的支出，导致企业和股东遭受重大的损失。因此，股东对高管的考核并不应该只局限于企业期末的盈余水平，还应该关注管理者的资源配置活动和日常支出水平及其有效性，即结合市场的景气程度、发展趋势及行业内部投入产出水平，把资源配置活动、日常经营活动、资本支出效果和经常支出效果结合利润等指标构成科学合理的绩效考核指标体系，用来对高管的经营能力进行评价、约束其机会主义行为。同时，股东可以通过构建有效的高管激励契约，结合董事会的监督责任来促使高管履行股东财富最大化的代理目标，使高管和股东的利益目标趋于一致。

第三，企业在动态的经济环境中生存和发展，高管根据经济发展走势预估未来的现金流入，并据此做出资源投入决策，因此，外部经济环境是影响企业成本粘性的重要因素。周期性变化的宏观经济环境、未来现金流入的不确定性使高管的管理、决策水平面临巨大考验，而相对稳定的市场环境更有助于股东及高管对未来的经济趋势做出理性的判断，合理制订各项资源的投入计划。同时，维持平稳的经济环境也会增加企业透明度，降低信息不对称程度，有利于董事会及机构投资者监督和约束高管；且能够提高企业资产的运用程度和资源配置的有效性，减轻成本粘性程度，增强企业抵御经济风险的能力。

第四，本书验证了经营环境变动和收入波动增强成本粘性程度，增加企业风险，进而降低高管薪酬契约有效性的作用机理。在信息不对称的环境中，企业所有者和高管人员之间形成的代理关系和利益冲突，常常导致逆向选择行为的发生和道德风险问题的出现，这会增加企业的代理成本。为了控制代理成本，缓解股东利益和高管个人收益之间冲突，创建利益共享、风险共担、价值共创的企业运行机制，实现委托人和受托人之间激励相容的目标，企业需要制定和实施有效的高管薪酬契约。高管薪酬契约经常是用财务指标及其他相关指标表达的，高管薪酬的水平和变化与企业的账面绩效、市场绩效和风险水平密切相关，然而，我国上市公司高管薪酬契约过分关注企业短期的账面绩效，忽视内含更大风险特性的市场绩效，过分关注绩效的数量特征，忽视绩效的质量特征，过分从绩效视野考察高管人员的努力程度，忽视从风险视野考察高管决策行为对企业发展造成的影响。

## 8.3 研究局限和展望

第一，本书从企业风险的视角研究成本粘性，以 ABJ（2003）的模型为基础，拟分离制造业企业固有行业属性、固定资产投资行为形成的成本粘性和由于代理问题、管理层自由决策权形成的成本粘性，但是由于计量模型的局限性，企业固有的文化、投资习惯等其他不容易度量的因素较难控制，我们已经尽力通过多种稳健性检验进行避免。

第二，本书的研究结论为 XBRL 标准帮助财务分析师识别企业风险、提高盈余预测质量提供经验证据。诚然，本书并没有验证 XBRL 标准的应用在多大程度上为财务分析师等财务报告使用者提供异质化信息。不同上市公司对财务报告以外的、反映公司经营环境和交易事项等实质性差异化信息的补充披露质量参差不齐，影响了 XBRL 标准的实施效果。因此，XBRL 标准的应用能在多大程度上保证异质化信息供给，这一隐含条件可能存在偏颇，有待未来进一步研究。

# 参考文献


[1] 柴俊武，万迪昉．企业规模与R&D投入强度关系的实证分析．科学学研究，2003（1）：58-62.

[2] 陈宋生，李文颖，吴东琳．XBRL、公司治理与权益成本——财务信息价值链全视角．会计研究，2015（3）：64-71.

[3] 陈震，凌云．企业风险、产权性质与高管薪酬——业绩敏感性．经济管理，2013（6）：54-61.

[4] 陈冬华、陈信元、万华林．国有企业中的薪酬管制与在职消费．经济研究，2005（2）：92-101.

[5] 高雷，宋顺林．治理环境、治理结构与代理成本．经济评论，2003（3）：35-40.

[6] 江伟，胡玉明．企业成本费用"粘性"：文献回顾与展望．会计研究，2011（9）：74-79.

[7] 江伟，胡玉明，曾业勤．融资约束与企业成本粘性．金融研究，2015（10）：133-147.

[8] 江龙，刘笑松．经济周期波动与上市公司现金持有行为研究．会计研究，2011（9）：40-46.

[9] 江龙，宋常，刘笑松．经济周期波动与上市公司资本结构调整方式研究．会计研究，2013（7）：28-34.

[10] 孔玉生，朱乃平，孔庆根．成本粘性研究：来自中国上市公司的经验证据．会计研究，2007（11）：58-65.

[11] 李争争，张天西，韩宜恒，卓贤林．行业分类标准有更高的信息质量吗？——基于XBRL财务报告的量化视角．证券市场导报，2013（5）：16-21.

[12] 李云鹤，李湛．管理者代理行为、过度投资与公司治理——基于企业生命周期视角的实证研究．管理评论，2012（7）：117-131.

[13] 李善民，王媛媛，王彩萍．机构投资者持股对上市公司盈余管理影响的

实证研究．管理评论，2011（7）：17-24.
［14］李培功，肖珉．CEO 任期与企业资本投资．金融研究，2012（2）：127-140.
［15］李文贵，余明桂．所有权性质、市场化进程与企业风险承担．中国工业经济，2012（12）：115-127.
［16］梁上坤，张梦婷．货币政策、融资约束与公司成本粘性．金融学季刊，2015（2）：26-60.
［17］梁上坤．EVA 考核实施与中央企业上市公司的成本粘性．经济学报，2016，3（1）：105-128.
［18］刘彦文，王玉刚．中国上市公司费用粘性行为实证分析．管理评论，2009，21（3）：98-106.
［19］刘武．企业费用“粘性”行为：基于行业差异的实证研究．中国工业经济，2006（12）：105-112.
［20］刘银国，朱龙．公司治理与企业价值的实证研究．管理评论，2012（2）：45-52.
［21］刘银国，张琛．自由现金流与在职消费——基于所有制和公司治理的实证研究．管理评论，2012（10）：18-25.
［22］卢锐，魏明海，黎文靖．管理层权力、在职消费与产权效率．南开管理评论，2008（5）：85-92.
［23］吕长江，郑慧莲，严明珠，许静静．上市公司股权激励制度设计：是激励还是福利．管理世界，2009（9）：133-147.
［24］毛洪涛，李子扬，程军．非经济动因可引致企业粘性成本行为吗？——基于社会成本理论及中国市场背景的实证分析．南开管理评论，2015，18（6）：136-145.
［25］聂辉华，谭松涛，王宇锋．创新、企业规模和市场竞争：基于中国企业层面的面板数据分析．世界经济，2008（7）：57-66.
［26］权小锋，吴世农，文芳．管理层权力、私有收益与薪酬操纵．经济研究，2010（11）：73-87.
［27］史永，张龙平．XBRL 财务报告实施效果研究——基于股价同步性的视角．会计研究，2014（3）：3-10，95.
［28］孙铮，刘浩．中国上市公司费用“粘性”行为研究．经济研究，2004（12）：26-34.
［29］田妮，张宗益．“限薪令”会产生作用吗——一个基于不完全契约视角

的理论分析．管理评论，2015（4）：122-131.
［30］王良举，陈甬军．集聚的生产率效应——来自中国制造业企业的经验证据．财经研究，2013，39（1）：49-60.
［31］王琳，龚昕．我国 XBRL 财务报告应用与会计信息质量——基于沪深经验数据的实证分析．财经问题研究，2012（11）：124-129.
［32］万寿义，王红军．管理层自利、董事会治理与费用粘性［J］．经济与管理，2011（3）：26-31.
［33］魏刚．高级管理层激励与上市公司经营绩效．经济研究，2000（3）：32-39.
［34］吴育辉，吴世农．高管薪酬：激励还是自利——来自中国上市公司的证据．会计研究，2010（11）：40-48.
［35］肖继辉，孟婷．非对称业绩基准与高管薪酬：基于代理成本视角．管理评论，2015（1）：194-208.
［36］辛清泉，谭伟强．市场化改革、企业业绩与国有企业经理薪酬．经济研究，2009（11）：68-81.
［37］余明桂，李文贵，潘洪波．民营化、产权保护与企业风险程度．经济研究，2013（9）：112-124.
［38］应惟伟．经济周期对企业投资影响的实证研究——基于投资现金流敏感性视角．财政研究，2008（5）：30-34.
［39］杨瑞龙，王元，聂辉华．"准官员"的晋升机制：来自中国央企的证据．管理世界，2013（3）：23-33.
［40］曾颖，陆正飞．信息披露质量与股权融资成本．经济研究，2006（2）：69-79.
［41］曾建光，伍利娜，谌家兰，王立彦．XBRL、代理成本与绩效水平——基于中国开放式基金市场的证据．会计研究，2013（11）：88-94.
［42］张礼卿，孙俊新．出口是否促进了异质性企业生产率的增长：来自中国制造企业的实证分析．南开经济研究，2010（4）：110-122.
［43］张宗新，杨飞，袁庆海．上市公司信息披露质量提升能否改进公司绩效——基于 2002—2005 年深市上市公司的经验证据．会计研究，2007（10）：16-25.
［44］郑济孝．XBRL 格式财务报告对中国股市有效性的影响研究．金融研究，2015（12）：194-206.
［45］郑志刚，李东旭，许荣，林仁韬，赵锡军．国企高管的政治晋升与形象

工程——基于N省A公司的案例研究．管理世界，2012（10）：146-156，188.
[46] 周嘉南，黄登仕．上市公司高级管理层报酬业绩敏感度与风险之间关系的实证检验．会计研究，2006（4）：44-50.
[47] 周仁俊，杨战兵，李礼．管理层激励与企业经营业绩的相关性——国有与非国有控股上市公司的比较．会计研究，2010（12）：69-75.
[48] Anderson M C, Banker R D, Janakiraman S N. Are selling, general, and administrative costs "sticky". Journal of Accounting Research, 2003, 41 (1): 47-63.
[49] Anderson S W, Lanen W N. Understanding Cost Management: What Can We Learn from the Evidence on 'Sticky Costs'. Working Paper, University of Melbourne, 2007.
[50] Alles M, Piechocki M. Will XBRL improve corporate governance? A framework for enhancing governance decision making using interactive data. International Journal of Accounting Information Systems, 2012, 13 (2): 91-108.
[51] Berle, A. A., Means, G. C. The Modern Corporation and Private Property. New York: Macmillan, 1932.
[52] Banker, R., R. Huang, R. Natarajan. Equity incentives and long-term value created by SG&A expenditure. Contemporary Accounting Research, 2011, 28 (3): 794-830.
[53] Bertrand, M., S. Mullainathan. Enjoying the quiet life? Corporate governance and managerial preferences. Journal of Political Economy, 2003, 111 (5): 1043-1075.
[54] Baker G P, Jensen M C, Murphy K J. Compensation and incentives: Practice vs. theory. The Journal of Finance, 1988, 43 (3): 593-616.
[55] Banker R D, Byzalov D, Ciftci M, et al. The moderating effect of prior sales changes on asymmetric cost behavior. Journal of Management Accounting Research, 2014, 26 (2): 221-242.
[56] Berger, P. G., Ofek, E., Yermack, D. L. Managerial Entrenchment and Capital Structure Decisions. Journal of Finance, 1997, 52 (4), 1411-1438.
[57] Bebchuk, L. A., Fried, J. M. Executive Compensation as an Agency Problem. Journal of Economic Perspectives, 2003, 17 (3): 71-92.

[58] Banker R D, Chen L. Predicting earnings using a model based on cost variability and cost stickiness. The accounting review, 2006, 81 (2): 285-307.

[59] Banker R D, Byzalov D, Chen L T. Employment protection legislation, adjustment costs and cross-country differences in cost behavior. Journal of Accounting and Economics, 2013, 55 (1): 111-127.

[60] Brown L D. A temporal analysis of earnings surprises: Profits versus losses. Journal of Accounting Research, 2001, 39 (2): 221-241.

[61] Calleja K, Steliaros M, Thomas D C. A note on cost stickiness: Some international comparisons. Management Accounting Research, 2006, 17 (2): 127-140.

[62] Chen C X, Lu H, Sougiannis T. The Agency Problem, Corporate Governance, and the Asymmetrical Behavior of Selling, General, and Administrative Costs. Contemporary Accounting Research, 2012, 29 (1): 252-282.

[63] Chen, S., S. X. Ni, D. Wu. Corporate governance and the asymmetrical behavior of selling, general and administrative costs: Further evidence from state antitakeover laws., 2014. Available at SSRN: http://ssrn.com/abstract=2336916.

[64] Clara Xiaoling Chen. The Agency Problem, Corporate Governance, and the Asymmetrical Behavior of Selling, General, and Administrative Costs. Contemporary Accounting Research, 2012, 29 (1): 252-282.

[65] Chen C X, Gores T, Nasev J. Managerial overconfidence and cost stickiness., 2013. Available at SSRN 2208622.

[66] Datta, D. K., J. P. Guthrie, D. Basuil, A. Pandey. Causes and effects of employee downsizing: A review and synthesis. Journal of Management, 2010, 36 (1): 281-348.

[67] Dechow, P. M., R. G. Sloan. Executive incentives and the horizon problem: An empirical investigation. Journal of Accounting and Economics, 1991, 14 (1): 51-89.

[68] Dittmar, A., J. Mahrt-Smith. Corporate governance and the value of cash holdings. Journal of Financial Economics, 2007, 83 (3): 599-634.

[69] Dierynck B, Landsman W R, Renders A. Do managerial incentives drive cost behavior? Evidence about the role of the zero earnings benchmark for labor

cost behavior in private Belgian firms. The Accounting Review, 87 (4): 2012, 1219-1246.

[70] Dong Y, Li O Z, Lin Y, et al. Does Information-Processing Cost Affect Firm-Specific Information Acquisition? Evidence from XBRL Adoption. Journal of Financial and Quantitative Analysis, 2016, 51 (2): 435-462.

[71] Finkelstein, S. Power in Top Management Teams: Dimensions, Measurement, and Validation. Academy of Management Journal, 1992, 35 (3): 505-538.

[72] Grinstein, Y., Hribar, P. L. CEO Compensation and Incentives: Evidence from M&A bonuses. Journal of Financial Economics, 2004, 1: 119-143.

[73] Hope, O., W. B. Thomas. Managerial empire building and firm disclosures. Journal of Accounting Research, 2008, 46 (3): 591-626.

[74] Hill, C. W. L., P. Phan. CEO tenure as a determinant of CEO pay. Academy of Management Journal, 1991, 34 (3): 707-717.

[75] Jensen, M. C. Agency costs of free cash flow, corporate finance, and takeovers. American Economic Review, 1986, 76 (3): 323-329.

[76] Jensen, M. C., W. Mecking. Theory of firm: Managerial behavior, agency cost, and capital structure. Journal of Financial Economics, 1976, 3 (4): 305-360.

[77] Kanniainen, V. Empire building by corporate managers: The corporation as a savings instrument. Journal of Economic Dynamics and Control, 2000, 24 (1): 127-142.

[78] Kama I, Weiss D. Do earnings targets and managerial incentives affect sticky costs. Journal of Accounting Research, 2015, 51 (1): 201-224.

[79] Kim, J-B., J. J. Lee, J. C. Park. Internal control weakness and the asymmetrical behavior of selling, general, and administrative costs, 2015. Available at SSRN: http://ssrn.com/abstract=2481600.

[80] Kim M, Prather-Kinsey J. An additional source of financial analysts' earnings forecast errors: Imperfect adjustments for cost behavior. Journal of Accounting, Auditing & Finance, 2010, 25 (1): 27-51.

[81] Lev, B., T. Sougiannis. The capitalization, amortization, and value-relevance of R&D. Journal of Accounting and Economics, 1996, 21 (1): 107-138.

[82] Masulis, R. W., C. Wang, F. Xie. Corporate governance and acquirer returns. The Journal of Finance, 2007, 62 (4): 1851-1889.

[83] Noreen, E., Soderstrom, N. The Accuracy of Proportional Cost Models: Evidence from Hospital Service Departments. Review of Accounting Studies, 1997, 2 (1): 89-114.

[84] Qin B, Mohan A W, Kuang Y F. CEO overconfidence and cost stickiness. Management Control & Accounting, 2015, 2: 26-32.

[85] Rose, N. L., A. Shepard. Firm diversification and CEO compensation: Managerial ability or executive Entrenchment. Rand Journal of Economics, 1997, 28 (3): 489-514.

[86] Stulz, R. Managerial discretion and optimal financing policies. Journal of Financial Economics, 1990, 26 (1): 3-27.

[87] Titman, S., K. C. Wei, F. Xie. Capital investments and stock returns. Journal of Financial and Quantitative Analysis, 2004, 39 (4): 677-700.

[88] Williamson, O. E. Managerial discretion and business behavior. American Economic Review, 1963, 53 (5): 1032-1057.

[89] Weiss D. Cost behavior and analysts' earnings forecasts. The Accounting Review, 2010, 85 (4): 1441-1471.